信息化时代物流供应链研究

谢海燕 著

全国百佳图书出版单位
吉林出版集团股份有限公司

图书在版编目（CIP）数据

信息化时代物流供应链研究 / 谢海燕著．--长春：吉林出版集团股份有限公司，2023.6
ISBN 978-7-5731-3680-0

Ⅰ．①信… Ⅱ．①谢… Ⅲ．①物流管理－研究②供应链管理－研究 Ⅳ．①F252

中国国家版本馆CIP数据核字（2023）第115423号

信息化时代物流供应链研究
XINXIHUA SHIDAI WULIU GONGYINGLIAN YANJIU

著：	谢海燕
责任编辑：	欧阳鹏
技术编辑：	王会莲
开　本：	787mm×1092mm　1/16
字　数：	214千字
印　张：	9.75
版　次：	2024年4月第1版
印　次：	2024年4月第1次印刷
出　版：	吉林出版集团股份有限公司
发　行：	吉林出版集团外语教育有限公司
地　址：	长春福祉大路5788号龙腾国际大厦B座7层
电　话：	总编办：0431—81629929
印　刷：	吉林省创美堂印刷有限公司

ISBN 978-7-5731-3680-0　　　定价：59.00元
版权所有　侵权必究　　　举报电话：0431—81629929

前言

随着"物流热"愈演愈烈，我国的物流业快速发展，并成为我国国民经济新的增长点。而21世纪的全球物流更是进入了供应链时代，随着科技的进步和管理理论的创新发展，越来越多的企业通过寻求供应链体系下的物流创新来建立企业间新型的物流管理模式，这也成为当代企业发展的新趋势。世界时刻在变化，这给运输、仓储、第三方物流、国际物流、制造业物流等物流产业带来了巨大的挑战，所以企业在供应链管理中必须追求自身变革求得创新才能面对挑战。现代物流是指运用现代先进技术、采取合理的商业模式、实施科学管理所进行的物流活动，与传统的物流相比，具有信息化、自动化、智能化、标准化等特点。实体服务体系、网络服务体系与增值服务体系构成了现代物流服务的三大体系。供应链是指由供应商、厂商、分销商一直到最终用户所组成的一个链条，在供应链管理过程中，从事自己最为擅长的核心业务，而把非核心业务交给最为擅长的企业，既能够实现供应链效益的最大化与高效化，又有利于企业核心竞争力的提升。

对物流及供应链行业而言，信息化时代下的物流体现出了数据价值、连接价值和协同价值。数据价值有助于物流企业掌握用户需求，提升企业效益和品牌形象。连接价值通过运营与物流作业信息达到实时同步，连接物流企业内外部，实现管理智能化、信息共享化；物流全体要素在线化可推动供应链整体互联互通，引领智慧物流发展新模式。协同价值促进了物流行业与其他产业企业协同、共生，供应链节点企业及企业间的协同合作实现了供应链的协同管理；物流体系与金融体系、营销体系、数据服务体系等多体系互利共生能够产生巨大的协同作用，助力搭建完整生态体系；基于云、网一体，构建移动网、云储存、云平台等多云协同新生态成为行业发展新动向。

本书是信息化时代物流供应链方向的著作，从物流与供应链管理入手，针对物流供应链信息服务平台、物流装备与专用车辆技术以及供应链管理信息技术进行了分析研究，另外对信息化时代物流供应链人才培养的具体内容进行了详细介绍，还对智慧物流生态链系统形成机理与组织模式提出了一些建议，旨在摸索出一条适合信息化时代物流供应链研究工作创新的科学道路，帮助其工作者在应用中少走弯路，运用科学的方法提高效率。在撰写本书的过程中，作者参阅了大量与群众文化工作相关的文献，在此对其作者表示诚挚的谢意。因作者水平有限加之时间仓促，书中难免有疏漏之处，恳请广大读者批评指正。

目录

第一章 物流与供应链管理 1
- 第一节 物流与供应链管理产生的背景 3
- 第二节 物流与企业物流 8
- 第三节 供应链与供应链管理 11
- 第四节 供应链绩效评价与激励机制 17

第二章 物流供应链信息服务平台 25
- 第一节 智慧物流信息平台 27
- 第二节 商品供应链信息服务平台 39
- 第三节 商品电子交易平台 51

第三章 物流装备与专用车辆技术 59
- 第一节 智能物流装备与分拣技术 61
- 第二节 无人值守仓库 72
- 第三节 无人驾驶物流专用车辆 80
- 第四节 物流车辆仿真及物流系统数字化设计 89

第四章 供应链管理信息技术 95
- 第一节 供应链管理信息技术概述 97
- 第二节 供应链管理的信息技术集成 101
- 第三节 供应链管理软件 105

第五章 信息化时代物流供应链人才培养 109
- 第一节 人才培养的目标与建设原则 111
- 第二节 物流管理人才培养方案 114
- 第三节 智慧供应链人才培养规划 118

第六章 智慧物流生态链系统形成机理与组织模式 127
- 第一节 基于生态位理论的智慧物流生态链自组织发展 129
- 第二节 智慧物流生态链组织协同影响因素研究 132
- 第三节 电商平台主导下的智慧物流生态链组织效率的影响因素 138
- 第四节 基于社会网络分析法的智慧物流生态链可持续运营风险评价 142

参考文献 149

第一章

物流与供应链管理

第一节 物流与供应链管理产生的背景

一、21世纪市场竞争环境的转变

在全球经济、网络经济、信息经济和知识经济联合作用下,企业的经营环境正从过去相对稳定、可预测的静态环境转向日益复杂多变和充满不确定性的动态环境,而市场的竞争环境也出现了如下特点。

(一)竞争形态的转变

在传统的静态竞争中,实现可持续性仅仅意味着在目标环境和可用资源既定的情况下,企业为维持竞争优势而针对竞争对手的模仿、异化和替代等行动进行决策和实施一系列行动方案。也就是说,竞争的主要目标是保持既有优势,而不是创造新的竞争优势,但竞争优势并不能通过这种方式长久地保持下去。

而动态竞争是以高强度和高速度的竞争为特点,每一个竞争者都会不断地建立自己的竞争优势以削弱对手的竞争优势。竞争对手之间的战略互动明显加快,竞争优势都是暂时的,不能长期保持。因此,从动态的角度来看,动态环境中企业竞争优势的核心问题是更快地培养或寻找可以持续更新的竞争优势源泉。

任何产品在推出时肯定不是完美的,完美是一种动态的过程,所以要迅速让产品去迎合用户需求,从而一刻不停地升级进化、推陈出新,这才是保持领先的唯一方式。为了在市场上占有一席之地,很多制造商选择不断推出新产品来满足细分市场上的各种不同消费者。往往是一个产品投放市场不久,企业就又推出新的产品,有时一个产品刚进入市场,另一个新产品的宣传就紧随而至。

(二)企业竞争导向的转变

在传统的竞争中,企业的唯一行动就是选择一个产品市场竞争战略,围绕市场份额展开竞争。在这样的战略指导下,企业不会去顾及客户潜在的个性化需求,而是以产品生产为导向组织各项活动,采取产品、价格、渠道、促销的营销策略以及需求推动生产模式,将已生产好的产品推向市场,以求将商品卖给尽可能多的客户。

在新的竞争形势下,社会商品越来越丰富,从而出现了市场饱和与商品过剩的现象,任何一个企业要想在现有的市场中扩大自己的份额,都会因招致竞争对手强烈地报复而付出高昂的代价。另外,客户基本需求完全可以得到满足,进而推动客户需求层次的提升并朝个性化方向不断发展。

因此,企业竞争战略应从扩大市场份额转向提高客户价值。在这种竞争战略指导下,企业注重更快地把握客户不断变化和个性化的需求并加以满足,为客户提供更高质量的产品和服务,发展与客户牢固的伙伴关系,进而寻求客户关系的长期性和客户价值的最大化。

企业应以客户需求为导向组织各项活动,应用消费者的欲望和需求、消费者的费用、购买的便利性和与客户交流的营销策略以及客户需求拉动生产模式,根据客户个性化的需求来组织生产、进行递送和提供服务。

(三)竞争范围的转变

在传统的静态竞争中,企业的竞争最终会归结到单一市场的基于价格的竞争,即降低价格是企业获得更大市场份额的主要手段。然而,随着客户需求的多样化和个性化,仅仅靠降低标准化产品的价格已无法对客户产生吸引力。

另外,市场在不断地细分,每一个单一市场的总额在缩小,企业降低价格不仅无法获得更大的市场份额,反而可能引发价格大战,导致企业和竞争对手两败俱伤。

在这种不断变化和细分市场的环境中,企业必须采用多点竞争和多因素竞争战略,即针对多个细分市场(多点),在产品多样性、时间、价格、质量和服务等因素上达到综合最优,或根据客户需求的具体情况选择基于客户最敏感因素的竞争战略,从而提高市场份额。

例如,面对物流市场激烈的竞争状况,京东物流成为全球唯一拥有中小件、大件、冷链、B2B、跨境和众包六大物流网络的企业。京东物流凭借成熟的标准化操作,悉心保证商品安全和用户体验,即便在双十一等促销高峰期,仍然保持高效、稳定的履约服务。

针对消费品、3C、大件、服装、生鲜等不同行业的特点,京东物流分别推出不同的服务方案。其中,针对消费品企业,京东物流提供商品保质期全程监控和管理服务,而针对3C行业,京东物流则采用针对高值、序列号细致管理的体系。在大件的解决方案中,着重提供大家电、家居家装、运动健身等产品仓、配、安一体化的服务。针对服装行业,则有多地备货方案和淡旺季的运营策略。而针对生鲜企业,则在冷链物流上提供业内领先的全程温控的多温层冷链物流产品,对蔬菜水果、海鲜、冷冻等生鲜食品开通优先配载的单独通道。

(四)竞争区域的转变

在经济全球化以前,企业的竞争主要发生在一个国家或地区内。随着世界经济的发展以及信息技术的应用,整个世界成为日益紧密的经济体,国家、地区之间的经济壁垒逐步消除,任何一个地区或局部的市场都会面临国际竞争。

信息与网络技术的发展打破了时间和空间对经济活动的限制,这使得各种信息能够很快超越国家和地域的界限,在世界范围内有效地传递和共享,为国家、企业的经济发展提供了新的手段和条件,使得企业能够在更大的范围内建立跨国、跨地域甚至全球化的市场。不仅国内的企业、产品和服务要走出国门,而且外国的企业、产品和服务也会流通至我国。

在这种情况下,企业不仅要与国内企业进行竞争,还要与国外企业展开竞争,国际竞争力成为企业生死存亡的关键,经济竞争从国内和区域竞争演变成国际和全球竞争。

全球物流枢纽正由提供单一货运服务向整合供应链和数字服务方面转型,未来,物流枢纽应成为"实体物流+数字服务"中心。物流行业颠覆式变革的浪潮正将物流行业推向新时代。

二、企业经营管理模式的转变

供应链和供应链管理发生了巨大的变化,供应链管理的应用也取得了惊人的成绩,企业经营管理的一体化模式可分为"纵向一体化"和"横向一体化"。

(一)传统的"纵向一体化"管理模式

在传统的"纵向一体化"管理模式下,企业出于对制造资源的占有要求和生产过程直接控制的需要,采用的策略是扩大自身规模或参股供应商,这与为其提供原材料、半成品或零部件的企业是一种所有关系。

例如,许多企业拥有从铸造、毛坯准备、零件加工、部件生产和产品装配到包装、运输等一整套设施、设备及组织结构,形成了"大而全"或"小而全"的经营方式,在产品开发、加工制造和市场营销三个基本环节呈现出"中间大、两头小"的橄榄型特征。

这种类型的企业投资大、建设和回收期长,既难以对市场变化做出快速响应,又存在较大的投资风险。

另外,"纵向一体化"模式会迫使企业从事不擅长的业务活动,如零部件生产、设备维修、运输等。这样会导致一个结果:不仅这些不擅长的业务没有抓起来,而且还会影响企业的关键业务,导致其无法正常发挥核心作用;企业不仅失去了竞争优势,而且增加了生产成本。

采用"纵向一体化"管理模式的企业面临的另一个问题是必须在不同业务领域与不同的对手进行竞争。企业在资源、精力、经验都十分有限的情况下四面出击,必然会导致企业核心竞争力的分散。

(二)代表"横向一体化"思想的供应链管理模式

鉴于"纵向一体化"管理模式的种种弊端,国际上越来越多的企业放弃了这种经营模式,随之而来的是"横向一体化"思想的兴起。"横向一体化"就是利用企业外部资源快速响应市场的需求,只抓企业发展中最核心的东西:产品方向和市场。至于生产,只抓关键零部件的制造,甚至全部委托其他企业加工。

例如,菜鸟网络打造的中国智能物流骨干网通过自建、共建、合作、改造等多种模式,在全国范围内形成一个开放的社会化仓储设施网络。同时利用先进的互联网技术,建立开放、透明、共享的数据应用平台,为电子商务企业、物流公司、仓储企业、第三方物流服务商、供应链服务商等各类企业提供优质服务,支持物流行业向高附加值领域发展和升级。

信息与网络技术的发展使得企业间开展业务合作变得更加方便,核心竞争力成为企业生存和发展的关键。与其他企业密切合作、集中精力发展自身核心业务的扩张方式逐渐得到企业的认同,"横向一体化"已成为现代企业发展扩张的主要模式。该模式的主要目标是在核心业务领域做强做大,从而使其成为产品价值链上的一个关键环节,并使企业处于有利的竞争地位。

供应链管理的思想是指不需要企业各方面都优于其他企业,希望各方面都具有优势的结果是丧失优势。因此,企业需要一种有别于其他企业的核心优势,然后联合那些在某一方面具有优势的企业,构成具有整体优势的企业联盟,这样就形成了一条供应链。

"横向一体化"形成了一条从供应商到制造商再到分销商的贯穿所有企业的"链"。由于相邻节点企业表现出一种需求与供应的关系,当把所有相邻企业依次连接起来时,便形成了供应链,这条链上的节点企业必须达到同步、协调运行,才有可能使链上的所有企业都受益,于是便产生了供应链管理这一新型的经营与运作模式。

三、物流与供应链管理的作用

早期物流发展的价值主要体现在军事后勤方面,因为基于时空节约的良好后勤保证是赢得一场战争必不可少的支撑性条件。但是,在现代社会中,物流除了具有传统意义上的军事价值,更重要的是体现在其经济价值方面。

从世界范围看,供应链管理对经济发展的巨大贡献已被许多国家的实践所证实,特别是近年来,供应链的系统、集约作用受到了社会的广泛关注。物流与供应链管理作为一种社会经济活动,对市场经济、国民经济、区域经济、企业经济及顾客经济都起着不同的作用。

物流与供应链网络由供应商、制造商、分销商、零售商和用户构成。供应链中集成物流网络的目的是通过提供地点效用将产品和服务交付给最终用户来满足顾客订单。如今,物流不仅为最小化成本提供可能,而且已经发展成为供应链管理中满足顾客订单的核心要素。

目前,市场竞争越来越激烈,许多公司为了寻求最具成本效益的供应商或更接近目标市场,常通过扩大其全球供应网络来再造他们的供应链。这样一个根据质量控制、交货时间、数量规划和成本分析构成的物流网络是复杂而精细的。

(一)对市场经济的作用

物流是保证商流顺畅进行、实现商品价值和使用价值的物质基础,同时也是开拓市场的基础。它决定着市场的发展广度、规模和方向。供应链直接决定着社会生产力要素能否合理流动,以及社会资源的利用程度和利用水平,影响着社会资源的配置,因而在很大程度上决定着商品生产的发展和产品的商品化程度。

(二)对国民经济的作用

物流与供应链管理在国民经济中能够发挥带动和支持作用,能够成为国家或地区财政收入的主要来源,能够提供大量的就业机会,能够成为科技进步的主要发源地和现代科技的应用领域。

(三)对区域经济的作用

区域经济是一种聚集经济,是人流、商流、资本流等各种生产要素聚集在一起的规模化生产,以生产的批量化和连续性为特征。但是,聚集不是目的,要素的聚集是为了商品的扩散,如果没有发达的商业贸易做保障,生产的大量产品就会堆积在狭小的空间里,商品的价值和使用价值都难以实现,区域经济的基本运转就会中断。因此,在区域经济的发展进程中,合理的物流与供应链管理系统起着基础性的作用。

1. 降低运行成本,改变区域经济增长方式

从市场运行成本的角度分析,物流业的突出作用是其对降低社会交易成本所做的贡献。其贡献可以从对交易过程和交易主体行为的考察中得到进一步的证实。一方面,从交易的全过程看,现代物流业的发展有助于物流合作伙伴之间在交易过程中减少相关交易费用。由于物流合作伙伴之间经常沟通与合作,可使搜寻交易对象信息方面的费用大为降低;提供个性化物流服务建立起来的相互信任和承诺可以减少各种履约风险,即便在服务过程中产生冲突,也会因为合同时效的长期性而通过协商加以解决,从而避免仲裁、法律诉讼等行为

所产生的费用。另一方面,从交易主体行为看,现代物流业的发展将促使伙伴之间的"组织学习",从而提高双方对不确定性环境的认知能力,减少因交易主体的"有限理性"而产生的交易费用;物流联盟企业之间的长期合作将在很大程度上抑制交易双方之间的机会主义行为,从而将交易双方机会主义交易费用控制在最低限度。

2. 形成新的产业形态,优化区域产业结构

现代物流的实现方法之一就是通过培育并集中物流企业,使其发挥整体优势和规模效益,促使区域物流业形成并向专业化、合理化的方向发展。现代物流产业的本质是第三产业,是现代经济分工和专业化高度发展的产物。

物流产业的发展将对第三产业的发展起到积极的促进作用。现代物流业的发展,推动和促进了当地的经济发展,既解决了当地的就业问题,又增加了税收,促进了其他行业的发展。

现代物流还有利于对分散的物流进行集中处理,数量的集约必然要求利用现代化的物流设施、先进的信息网络进行协调和管理。相对于分散经营、功能单一、技术原始的储运业务,现代物流属于技术密集型和高附加值的高科技产业,具有资产结构高度化、技术结构高度化、劳动力高度化等特征。从这个角度来说,建立现代物流有利于区域产业结构向高度化方向发展。

3. 促进以城市为中心的区域市场的形成和发展

对于以城市为中心的区域市场的形成和发展,现代物流的促进作用表现为以下几点:促进以城市为中心的区域经济的形成,促进以城市为中心的区域经济结构的合理布局和协调发展,有利于以城市为中心的经济区吸引外资,有利于以城市为中心的网络化的大区域市场体系的建立,有利于解决城市的交通问题,有利于城市的整体规划,有利于减少物流对城市环境的种种不利影响等。

(四)对企业经济的作用

物流与供应链管理的企业经济价值主要体现为降低企业物流成本。物流领域有非常大的降低成本空间,当企业有效地利用物流系统技术和现代物流管理方式之后,可有效地减小原材料、能源、人力成本上扬的压力,从而使人们认识到"物流与供应链管理"还具备非常重要的降低成本的价值。

(五)对顾客经济的作用

物流与供应链管理的顾客经济价值一方面体现为顾客在其所希望的时间和地点拥有所希望的产品和服务,另一方面体现为顾客所支付的价格低于其所期望的价格,即顾客获得了消费者剩余。简言之,创造顾客价值、实现顾客满意是顾客经济价值的核心所在。如果产品或服务不能在顾客所希望的时间、地点供应给顾客,它就不具有价值。

当企业花费一定的费用将产品运到顾客处,或者保持一定时期的库存时,对顾客而言,就产生了以前不存在的价值,这一过程与提高产品质量或者降低产品价格一样能创造价值。

例如,联邦快递公司的顾客所获得的众多利益中,最显著的一个就是快速和可靠的包裹递送。顾客在决定是否采用联邦快递寄送包裹时,会将这一价值与使用这一服务所付出的

金钱、精力进行权衡和比较。而且,他们还会对使用联邦快递公司与使用其他承运公司的价值进行比较,从而选择能给予其最大价值的那家公司。

第二节 物流与企业物流

一、物流概述

(一)物流的定义

自从人类进入文明社会,就产生了物流活动。传统的物流概念是指物质实体在空间和时间上的流动,长期以来称这种"流动"为"位移"。通俗地说,传统物流就是指商品在运输、装卸和储存等方面的活动过程。

现代物流是相对于传统物流而言的。它是在传统物流的基础上,引入高科技手段,通过计算机进行信息联网,并对物流信息进行科学管理,从而加快物流速度、提高准确率、减少库存、降低成本,其延伸并扩大了传统物流的职能。

物流是指物品从供应地向接收地的实体流动过程。根据实际需要,将运输、储存、装卸、搬运、包装、流通加工、配送、信息处理等基本功能进行有机结合。

物流中的"物"是指一切可以进行物理位置移动的物质资料,包括物资、物料、货物、商品、物品与废弃物等。物流中的"流"是指空间位移和时间转换,在流通领域、生产领域、消费领域、军事领域都有重要的意义。简言之,物流是物质资料从供给者到需求者的物理性移动和时间转换,是创造时间价值、空间价值或一定加工价值的经济活动。这是物流最简单、最直观也是最初步的定义。

(二)物流的基本内涵

1.物流是物品实体的流动

物流的对象只能是可以移动的物品,即动产,而不可能是不动产,而商流的对象则包括动产和不动产。

2.物流是物品由提供地向接收地的流动

物流不仅是物品实体的流动,而且只能是由提供地向接收地的定向流动。例如,汽车零部件由生产地(提供地)向汽车制造厂、修理厂和汽车配件商(接收地)流动,最终向顾客(最终消费者)流动,而绝不可能倒过来流动。即使是废弃物和退货的流动,也是由废弃物的提供者、退货的顾客(在这里他们是物品的提供者)向接收废弃物或退货的地方流动。换言之,物流的方向性是非常明显的,只能是由提供地向接收地流动。

3.物流是若干活动的有机整体

物流包括包装、装卸、搬运、运输、仓储、保管、流通加工和物流信息处理等基本活动,并且是这些活动的有机构成。

汽车是由大大小小、各种各样的零部件组成的。但是,并不能把生产汽车零部件的厂商,如轮胎厂等说成是汽车厂;而汽车厂可能什么零部件都不生产,但却是汽车厂,因为它生产汽车。

4．物流具有普遍性

物流具有普遍性是指物流存在于各种产品(包括服务)的生产到消费的全过程,或者说存在于社会经济生活的方方面面。

二、企业物流

物流概念揭示了物流的活动及其服务的实质。物流的产生是社会经济进步的结果,物流的发展同样随着社会经济的发展而不断深化。现代物流是一种重要的经济活动,其作用和影响已经渗透到社会生活的方方面面。

应该说作为物质资料流通活动组成部分的"物流",其历史与商品经济的历史一样久远,也就是说从商品经济开始以来就有"物流"了。

(一)企业物流的作用

1．可以加速物品周转,缩短流通时间,降低流通费用

社会再生产过程是生产过程与流通过程的统一。生产速度表现为再生产周期的长短,而再生产周期等于生产时间与流通时间之和。因此,物品流转速度的快慢会直接影响再生产的速度,从而影响整个国民经济的发展。

2．对消除不合理运输有重要作用

物品运输的合理化是加速生产发展、缩短流通时间的一个重要因素。研究物流经济学有利于解决合理化运输问题,从而降低运输成本。

3．提高对需求的反应速度,提高顾客满意程度

利用物流经济学可改善生产布局、优化生产流程、合理分配物品、理顺流通渠道、减少周转环节,协调好企业间的供需关系,从而通过协同计划、预测与补货来控制生产规模,提高企业服务的可靠性。

(二)与传统产业经济学的区别

传统的产业经济学认为,企业的竞争优势可以通过降低资源消耗、提高劳动生产率的成本优势来取得,而如今物流管理已被认为是企业获取竞争优势的"第三利润源"。作为以创造最大利润为终极目标的企业,追求的是产品成本最低。

这时可采用世界最先进的技术和管理理论,由此产生了资本的全球性流动和全球性采购。全球性采购必然是进行全球性大配套,这就意味着企业供应半径拉长、仓储时间增加、流通加工时间增多等。这说明提高企业利润不应只降低产品物耗和提高劳动生产率,也应包括降低物流管理过程产生的费用。

(三)现代企业物流的经济学价值

一般而言,现代企业物流的经济学价值主要表现在以下七个方面。

1．保值

任何产品从生产出来到最终消费,都必须经过一段时间、一段距离,在这个过程中,要经过运输、仓储、保管、包装、装卸搬运等多环节、多频次的物流活动。在这个过程中,产品可能

会淋雨受潮、生锈、破损、丢失等。

物流的功能就是防止上述现象的发生,保证产品从生产者到消费者移动过程中的质量和数量,起到产品的保值作用,即保护产品的存在价值,使该产品在到达消费者手中时使用价值不变。

2. 节约

搞好物流不仅能节约自然资源、人力资源和能源,同时也能节约费用。例如,集装箱化运输可以简化商品包装,节省大量包装用纸和木材;实现机械化装卸作业,仓库保管自动化能节省大量作业人员,大幅度降低人员开支。

3. 缩短距离

例如,在郑州可以买到世界各地的新鲜水果;邮政部门改善了物流,大大缩短了投递信件的时间,全国快递两天内就可送达。这种物流速度将人们之间的地理距离和时间距离拉近了。随着物流现代化的不断推进,国际运输能力大大加强,极大地促进了国际贸易的发展,使人们逐渐感到这个地球变小了,各大洲的距离更近了。

城市的居民也享受到了物流进步的成果。例如,南方产的香蕉在全国各大城市一年四季都能买到;新疆的哈密瓜、宁夏的白兰瓜、东北大米、天津小站米等都不分季节地供应市场。

4. 增强企业竞争力

在市场经济环境下,制造企业间的竞争主要表现在价格、质量、功能、款式和售后服务等方面,像彩电、空调、冰箱等这类家电产品在工业科技如此发达的今天,各企业的生产水平已经没有太大的差别,唯一可比的就是价格。

在物资短缺年代,企业可以靠扩大产量、降低制造成本去获取第一利润。在物资丰富的年代,企业又可以通过扩大销售获取第二利润。可是在新世纪和新经济社会,"第一利润源"和"第二利润源"已基本到了极限,目前剩下的"第三利润源"就是物流。

5. 加快商品流通

以配送中心为例,配送中心的设立为连锁经营提供了广阔的发展空间。利用计算机网络,将超市、配送中心和供应商、生产商连接,能够以配送中心为枢纽形成一个商业、物流业和制造业的有效组合。

有了计算机网络迅速及时的信息传递和分析,通过配送中心的高效率作业、及时配送,并将信息反馈给供应商和生产商,可以形成一个高效率、高可靠性的商品流通网络,为企业管理决策提供重要依据。同时,还可大大加快商品流通的速度,降低商品的零售价格,提高消费者的购买欲望和满意度,从而促进国民经济的发展。

6. 创造社会效益

实现装卸搬运作业机械化、自动化不仅能提高劳动生产率,而且能解放生产力。如国内近年来开展的"宅急送"都是为消费者服务的新行业,它们的出现使居民生活更舒适、更方便。

例如,当你去滑雪时,对于那些沉重的滑雪用具,不必自己扛、自己搬、自己运,只需给

"宅急便"打个电话就有人来取。结果是：人还没到滑雪场，你的滑雪板等用具已经先到了。再如，去超市购物，那里不单商品便宜、环境好，而且可为你提供手推车，使你可以轻松购物。手推车是搬运工具，这一个小小的服务就能给消费者带来诸多方便，同时也创造了社会效益。

7. 追求附加价值

关于物流创造附加值，主要表现在流通加工方面，如把钢卷剪切成钢板，把原木加工成板材，把粮食加工成食品，把水果加工成罐头。另外，名烟、名酒、名著、名画都可以通过流通中的加工，使装帧更加精美，从而大大提高商品的欣赏性和附加价值。

第三节 供应链与供应链管理

一、供应链

(一)供应链的概念

供应链的思想源于物流，原指军方的后勤补给活动。随着商业的发展，逐渐推广到商业活动中。物流系统的最终目的在于满足消费者，将物流所涉及的范围扩大，把企业上下游成员进行整合，就发展成了供应链。

例如，一个顾客去零售店购买果汁，供应链始于顾客对果汁的需求，零售店的果汁存货由成品仓库或者分销商用卡车通过第三方供应。果汁厂为分销商供货，果汁厂从各种供应商那里购进原材料，这些供应商可能由更低层的供应商供货。

供应链的概念经历了一个发展过程。早期的观点认为供应链是制造企业的一个内部过程，是指将采购的原材料和收到的零部件通过生产的转换与销售等过程传递到企业用户的一个过程。传统的供应链概念局限于企业的内部操作，注重企业的自身利益。

随着企业经营的进一步发展，供应链的概念范围扩大到了与其他企业的联系，扩大到供应链的外部环境，偏向于定义它为一个通过链中不同企业的制造、组装、分销、零售等过程将原材料转换成产品送到最终用户的转换过程，它是更大范围、更为系统的概念。

供应链是围绕核心企业，通过对信息流、物流、资金流的控制，从采购原材料开始，制成中间产品以及最终产品，最后由销售网络把产品送到消费者手中的将供应商、制造商、分销商、零售商直到最终用户连成一个整体的网链结构和模式。它是一个范围更广的企业结构模式，包含所有加盟的节点企业，从原材料的供应开始，经过链中不同企业的制造加工、组装、分销等过程直到最终用户。

这个概念强调了供应链的战略伙伴关系，从形式上看，客户在购买商品，但实际上客户是在购买能带来效益的价值。各种物料在供应链上移动，是一个不断采用高新技术增加其技术含量或附加值的增值过程。

(二)供应链的特征

从供应链的结构模型可以看出，供应链是一个网链结构，由围绕核心企业的供应商、供应商的供应商和用户、用户的用户组成。一个企业是一个节点,节点企业之间是一种需求与供应关系。供应链主要具有以下特征。

1. 复杂性

因为供应链节点企业组成的跨度(层次)不同,供应链往往由多个、多类型甚至多国企业构成,所以供应链结构模式比一般单个企业的结构模式更为复杂。各企业在法律上都是独立的,它们之间形成了基于供应、生产和销售的多级复杂交易关系,在经济利益上不可避免地存在着冲突和矛盾。

2. 动态性

供应链管理因企业战略和适应市场需求变化的需要,其中节点企业需要动态地更新,这就使得供应链具有明显的动态性。同时,供应链节点企业之间的关系是合作与竞争,一旦节点企业经济实力发生改变,其在网络中的地位也会随之变化,从而造成节点企业间关系的动态变化。

例如,当某种物料或产品供应短缺同时价格上涨时,一家公司就会发现与这样的供应商建立联盟比较有利,可以保证短缺物品的持续供应。这种联盟对双方都有利,对供应商来说,他们得到了新的市场并赢得了新的、未来产品的销售机会;对采购方来说,他们得到了长期的供货及稳定的价格。

此后,当新的竞争者生产这种短缺的产品或者需求下降时,供应商对采购方来说就不再有价值。采购方反而会发现与其他潜在的供应商磋商会带来更大的利益,这时他会决定与原有供应商取消联盟关系。由此可以看出,供应链是经常变动的,因此会给有效管理带来很多问题。

3. 面向用户需求

供应链的形成、存在、重构都是基于一定的市场需求而发生的,并且在供应链的运作过程中,用户的需求拉动是供应链中信息流、产品/服务流、资金流运作的驱动源,因此供应链也称为需求链。

4. 交叉性

节点企业可以是这个供应链的成员,同时又是另一个供应链的成员,众多的供应链形成交叉结构,增加了协调管理的难度。

5. 层次性

各企业在供应链中的地位不同,其作用也不相同。按照企业在供应链中地位的重要性的不同,各节点企业可以分为核心主体企业、非核心主体企业和非主体企业。主体企业一般是行业中实力较强的企业,它拥有决定性资源,在供应链管理中起主导作用,它的进入和退出直接影响着供应链的存在状态。

在一个供应链中,居于中心位置的是核心主体企业,它是供应链业务运作的关键,它不仅可推动整个供应链运作,为客户提供最大化的附加值,而且能够帮助供应链上的其他企业参与到新的市场中。

供应链是一个范围更广泛的企业结构模式,它包含所有加盟的节点企业,从原材料的供应开始,经过链中各企业的加工制造、组装、分销等过程直到最终用户。它不仅是一条连接供应商到用户的物料链、信息链、资金链,而且是一条增值链,物料在供应链上因加工、包装、运输等过程而增加了价值,从而给供应链上相关企业带来效益。

二、供应链管理

(一)供应链管理的概念

供应链管理是一种全新的管理思想。供应链管理就是企业对供应链的流程进行计划、组织、协调和控制,以优化整条供应链,目的是将客户需要的产品通过物流送达客户,整个过程要尽量降低供应链的成本。

供应链管理对企业资源管理的影响可以说是一种资源配置的创新。供应链中的每个节点企业在网络中扮演着不同的角色,它们既相互合作,谋求共同的收益,同时在经济利益上又相互独立,存在一定的冲突。处于同一供应链中的企业在分工基础上相互依赖,通过资源共享、优势互补,结成伙伴关系或战略联盟,谋求整体利益最大化,而在利益分割时又存在矛盾和冲突。

供应链管理体现的是集成的系统管理思想和方法。供应链管理把供应链上的各个节点企业作为一个不可分割的整体,通过对节点企业的相关运营活动进行同步化、集成化管理,整合它们的竞争能力和资源,从而形成较强的竞争力,为客户提供最大价值。

(二)供应链管理的目标

供应链管理的目标是使供应链整体价值最大化。供应链管理所产生的价值是最终产品对顾客的价值与顾客需求满足所付出的供应链成本之间的差额。供应链管理使节点企业在分工基础上密切合作,通过外包非核心业务、资源共享和协调整个供应链,不仅可以降低成本,减少社会库存,使企业竞争力增强,而且通过信息网络、组织网络实现生产与销售的有效连接和物流、信息流、资金流的合理流动,使社会资源得到优化配置。

供应链管理的整体目标是使整个供应链的资源得到最佳配置,为供应链企业赢得竞争优势和提高收益率,为客户创造价值。供应链管理强调以客户为中心,即做到将适当的产品或服务按照合适的状态与包装,以准确的数量和合理的成本,在恰当的时间送到指定地方的确定客户手中。

因此,最好的供应链管理不是将财务指标作为最重要的考核标准,而是密切注视产品进入市场的时间、库存水平和市场份额这些情况。以客户满意为目标的供应链管理必将带来供应链中各环节的改革和优化,因此,供应链管理的作用就是在提高客户满意度的同时实现销售的增长(市场份额的增加)、成本的降低以及固定资产和流动资产更加有效的运用,从而全面提高企业的市场竞争力。

(三)供应链管理的特征

1. 以满足客户需求为根本出发点

创建任何一个供应链的目的都是为了满足客户的需求,并在满足顾客需求的过程中为自己创造利润。在供应链管理中,以顾客满意为最高目标。供应链管理必须以最终客户需求为中心,把客户服务作为管理的出发点,并贯穿供应链的全过程,把改善客户服务质量、实现客户满意作为实现利润、创造竞争优势的根本手段。

2. 以共同的价值观为战略基础

供应链管理首先解决的是供应链伙伴之间信息的可靠性问题。如何管理和分配信息取决于供应链节点企业之间对业务过程一体化的共识程度。供应链管理是在供应链节点企业间形成一种相互信任、相互依赖、互惠互利和共同发展的价值观和依赖关系。供应链战略需要供应链上的企业从整个供应链系统出发,实现供应链信息的共享,加快供应链信息传递,减少相关操作,简化相关环节,提高供应链的效率,降低供应链成本,在保证合作伙伴合理利润的基础上,提升企业竞争能力和盈利能力,实现合作伙伴间的双赢。

3. 以提升供应链竞争能力为主要竞争方式

在供应链中,企业不能仅仅依靠自己的资源来参与市场竞争,而要通过与供应链参与方进行跨部门、跨职能和跨企业的合作,建立共同利益的合作伙伴关系,实现多赢。供应链管理是跨企业的贸易伙伴之间密切合作、共享利益和共担风险;同时,信息时代的到来使信息资源的获得更具有开放性,这就迫使企业间打破原有界限,寻求建立一种超越企业界限、新的合作关系。

因此,加强企业间的合作已成必然趋势,供应链管理的出现迎合了这种趋势,顺应了新的竞争环境的需要,改变了企业的竞争方式,将企业之间的竞争转变为供应链之间的竞争。

4. 以广泛应用信息技术为主要手段

信息流的管理对提高供应链的效益与效率可起到一个关键作用。信息技术在供应链管理中的广泛应用可大大减少供应链运行中的不增值活动,提高供应链的运作绩效。供应链管理应用网络技术和信息技术,重新组织和安排业务流程,进行集成化管理,从而实现信息共享。只有通过集成化管理,供应链才能实现动态平衡,才能进行协调、同步、和谐运作。

5. 以物流的一体化管理为突破口

供应链管理把从供应商开始到最终消费者的物流活动作为一个整体进行统一管理,始终从整体和全局上把握物流的各项活动,使整个供应链的库存水平最低,从而实现供应链整体物流最优化。

物流一体化管理能最大限度地发挥企业能力,降低库存水平,从而降低供应链的总成本。因此要实现供应链管理的整体目标,为客户创造价值,为供应链企业赢得竞争优势和提高收益率,供应链管理必须以物流的一体化为突破口。

6. 以非核心业务外包为主要经营策略

供应链管理是在自己的"核心业务"基础上,通过协作的方式来整合外部资源以获得最佳的总体运营效益。除了核心业务以外,几乎每项业务都可能是"外源的",即从公司外部进行资源整合。企业通过将非核心业务外包可以优化各种资源,这样既可提高企业的核心竞争能力,又可参与供应链。同时依靠建立完善的供应链管理体系,充分发挥供应链上合作伙伴的资源优势。

(四)改善体系

制约物流发展的关键是要在创新体制机制、推广应用先进技术和管理手段、完善落实物流管理支持政策上下功夫,构筑起面向未来的物流和供应链服务体系。

1.单一物流业态向综合物流转变

在经济新常态下,作为供需对接的"最后一棒",物流在供给侧结构性改革中发挥着双重作用,是实现低端供需平衡向高端供需平衡有序转变的重要力量。近年来,随着物流行业的升级和电商的迅速成长,我国的物流质量和效率逐步提升。

工业化全方位、立体式推进,将驱动以往单一方式各自发展的物流业态向各类资源联接、联合、联动、共利、共赢、共享的综合物流和一体化物流转变;新科技革命推动着中国从消费者互联网大国向产业互联网大国迈进,"互联网+"形态下的物流方式将会迎来重大变革,电子商务物流、协同物流、共享物流、数字物流、智能物流、平台型物流、快递、配送、仓配、末端物流将会快速发展。

此外,随着市场体制的逐渐完善与政府职能转变,市场将在更广领域内配置物流资源。同时全面建成小康社会要求加快发展服务于民、方便于民、受益于民的普惠物流;我国正推动东西方互动的全球化,全球物流和供应链服务体系将提上议事日程;市场充分竞争会推动物流产业组织调整,提高产业集中度;人力成本上涨,土地、资源环境、安全约束加强,要求加快发展绿色物流。

2.物流业与各次产业协同发展

全面改善物流绩效,推动物流业朝着自动化、信息化、数字化、网络化、智能化、精细化、绿色化、全球化等方向发展,对于促进国民经济运行效率和国家竞争力的提高、推动经济结构调整和发展方式的转型、扩大内需等,都具有重大而深远的意义。我国物流业实施了"七大战略",具体战略类型可分为以下几个方面。

(1)网络化战略

根据经济社会发展要求,完善和优化物流基础设施网络、组织网络、运营网络和信息网络,构筑统筹国际国内、沿海和内地、城市与农村、省市县乡、社会化与自营的不同层级、不同功能、有效衔接的现代物流服务体系。

(2)精细化战略

满足不断分层化、分散化和细化的市场,针对用户体验、产业升级和消费升级需求,实施物流服务精准定位、精细服务、精细管理。

(3)智能化战略

把握新科技革命和新产业革命的重大机遇,抢占物流业未来发展的制高点。应用信息化、数字化、智能化技术,实现物流资源的连接和安全、高效、灵敏、实时、可控、人性的智能物流服务。

(4)联动战略

着眼于物流业服务生产、流通和消费的内在要求,加强物流资源和供应链整合,提升物流服务和供应链管理能力,推动物流业与各次产业、地区经济协同和互动发展,充分发挥物流业在国民经济中的桥梁、助推器、总调度等作用。

(5)全球化战略

把握全球化和国际格局变化的新特点,深化国际合作,打造全球物流和供应链体系,主动参与国际大分工,提升在全球价值链中的地位,实现我国物流业的全球连接、全球网络、全球服务、全球解决方案。

(6)可持续战略

着眼于生态文明、环境友好、资源节约和安全等,实现土地、能源、资源的集约和节约,减少污染、降低排放,最大限度地减少物流活动的负面影响。

(7)创新战略

通过理念、制度、服务模式、商业模式、组织、流程、管理和技术等创新,推动物流业创造更多价值来满足经济社会发展的需要。

3. 构建国家及全球物流体系

全面改善物流绩效是一项复杂的系统工程,须实施好三大任务。

(1)构建强大、智能、绿色的国家物流系统

国家物流系统是从国家总体、长远和可持续发展角度出发,按照物流活动各环节之间的内在联系和逻辑,合理布局和配置物流资源,形成涵盖交通运输、仓储、包装、装卸搬运、流通加工、配送、邮政、快递、货运代理、信息等在内的跨行业、跨地区、多层次的综合物流系统。

国家物流系统由物流基础设施网络、物流信息网络和物流组织运营调度网络组成。国家物流系统的信息网络收集处理各物流活动主体、各环节及物流资源的信息,所有信息通过云计算平台,进行高效综合、数据挖掘、信息处理,优化物流资源配置和运行控制。国家物流系统的组织运营调度网络由各类物流企业、辅助企业及利益相关主体有机构成,实施优化后的物流服务。强大、智能、绿色的国家物流系统将彻底打破"孤岛"效应,实现互联互通和社会协同,提供"适时、适地、适人、适物、适性"的物流服务,降低社会物流成本,为客户创造价值,为企业提供盈利机会,为社会节约资源。

(2)打造中国连接世界的全球物流体系

紧紧围绕着中国全球化战略和全球生产、流通、贸易网络,逐步建设起一个"连接世界各大洲、各大洋,通达主要目标市场"的全球物流体系。全球物流体系由"四梁八柱"构成,"四梁"即全球物流信息系统、全球物流标准体系、全球物流政策体系和全球物流运营体系;"八柱"即我国的国际铁路运输网络、国际公路运输网络、国际航空货运网络、国际海运网络、国际管道网络、国际快递网络、国际仓储网络和国际配送网络。"四梁八柱"服务于我国的全球生产网络和贸易网络的发展。

(3)推动物流现代化

构建强大、智能、绿色的国家物流系统和打造连接世界的全球物流体系的过程,也是推动物流现代化的过程。物流现代化是从传统物流向现代物流的转变过程,是物流业持续升

级的过程。物流现代化包括物流理念和模式现代化、物流基础设施现代化、物流组织运营现代化、物流市场现代化、物流要素与技术装备现代化、物流管理体制机制现代化和物流可持续发展等维度。

第四节 供应链绩效评价与激励机制

一、相关概述

（一）评价的概念

供应链的绩效评价就是对供应链中的各项环节进行评价，尤其是其中的主要环节，应该以企业为中心，分析企业的运营环节以及市场环节，通过供应链的分析评价，能够对供应链上的所有企业运营进行分析，并帮助企业对合作伙伴以及市场环境进行分析，从而制定进一步发展战略。

供应链绩效包括三个部分。第一层是绩效，包括内部和外部资源，例如信息、基础架构、人力资源和技术开发，这些可以称为绩效支持。第二层的生成值可以称为性能。第三层评估各种活动，这些活动可以称为计划绩效，它们构成了整个供应链效率概念。

（二）绩效评价的作用

供应是一个互相联系的过程，也就是说，可以通过供应链来进行管理，整个过程包括产品的生产设计全周期，主要包括一个产品最终的设计制造，再到投入市场，进行消费，最后到废品回收阶段。供应链顾名思义是一种像链条的紧密关系，因此需要对每一个关键点进行优化分析，这样才能提高产品的实际收益，确保能够在竞争中取得稳定地位。基于此，对于供应链的管理必须科学有效，通过绩效管理可以有效提高管理效果，与企业的经营管理理念与机制结合，并且能够进一步与市场供应关系匹配。在供应链的绩效评估过程中，主要因素是产品的预期和合同，二者通过鼓励机制不断促进供应链发展，使得节点不断完善，活动不断进行。具体在企业层面来说，就是要鼓励供应链过程中的各个节点，促进绩效评估的进行。

绩效评估是衡量供应链管理实施为企业带来多少收益的一种方法，也是确定企业管理发展重点和方向的关键步骤。

1.评估供应链的运行效率

在运行效果的分析中，主要考虑的是供应链的形成模式，供应链的运营方法以及整个市场基础，运行效果的分析最为直观地反映了产品对于企业发展的效果，有利于企业及时调整战略目标，纠正不足。

2.用于评估供应链的每个成员

它主要考虑对成员公司的供应链采取激励措施，鼓励它们加入公司，并消除不良公司。

3.需要对供应链中的成员进行分析评估

供应链中的其他成员,也就是企业的市场方合作伙伴,通过这项评估,可以对于合作伙伴的资质进行调查,并且判断出市场对于合作方的满意程度,也可以对供应商或其他合作方提供的产品进行判断与检验,帮助企业选择合作伙伴。

4.评估的结果

不仅可以用作企业的运营成效分析,同时也可以当作一种激励,通过结果来激励企业员工,并且促进合作方的进一步合作意愿,推动企业未来的发展。随着供应链间竞争而非企业之间的发展,供应链整体业绩不仅推动了从价格向成本固定的过渡,而且也已成为综合供应链竞争能力的指标。

(三)绩效评价评估的特征

通常一个公司的绩效评估主要是为了实现对于公司部门人员的评估,评价的重点往往是人员的工作能力。而供应链的整体绩效评估则是对供应链的整体运营进行评估,得出的结论是对整个企业运营的效果进行评价,因此范围更加广泛。

①供应链绩效评价指标相较于传统的绩效评价,更加完善、更加全面,帮助公司拓宽了视野,而不是仅仅基于自身方面分析问题。通过全面的供应链进行分析,能够帮助企业对整个市场环境以及供应链的发展情况展开分析,通过各种指标对企业内部的发展进行优化措施,并及时调整供应情况。

②供应链绩效评估除了对企业内部进行控制之外,还需要对整个外部环境都进行评估,需要满足平衡性与一致性。

③还需要注意,财务指标之间的平衡。在供应链中包括了主要财务指标与其他的财务指标,需要对各项指标进行分析,将业务发展中的长期规划与短期目标相结合,重视财务转移过程。

(四)供应链绩效评估原则

供应链的绩效评估对于涉及供应的企业都非常有效,进行全面的评估可以帮助企业进一步完善自身。它涉及两家企业之间复杂的关系以及内部因素。这些因素之间可以互相促进,也可以互相限制。但是,随着环境的改变,它将不断发展和改变。与此同时,随着各种供应链的不断完善,供应链的实践活动不断进行。因此对于供应链的理论研究也开始发展,这就需要将其专门研究进行特定的绩效评估。科学反映供应链的差异。工作室的环境中最值得注意的一点是,作为一种独立的经济实体,供应链上的任何一家民营企业都应该有自己的企业发展战略目标和企业生存基本原则。因此,为了客观、公正地准确评价整个供应链的运营效率,并将其建立成有效率的供应链效率评价管理系统,必须符合下列基本原则:①重点突出,反映节点的运作以及反映供应链的整体运作,突出要点并分析关键绩效指标的评估。②供应链首先是企业发展中必不可少的,因此,对于供应链的绩效评价,必须与企业的发展目标相一致。必须要基于企业的基本战略来确定绩效评估的各项指标。无论是指标的选择方法还是指标的判断方法,都应该以企业的战略目标为基础。③需要对非财务指标进行分析,财务指标并不是唯一标准,占有重要地位的还有非财务指标。④绩效指标应该便于分析,有标准化指标,便于进行统一标准分析。⑤绩效标准管理需要有专门部门负责,通常是绩效评估部门,便于管理。⑥绩效指标要便于分析,目标指向应该明确,最好能够计算出准确的结果。⑦及时充分地考虑从用户那里收到的个人信息的重要性。⑧绩效指标不仅可以激励组织进行监督,而且可以不断提高。⑨相对比率优于绝对指标,客观比率优于主观指标。⑩各种指标可以通过反映因果关系来减少冲突和相互冲突。⑪为了帮助企业能够在短期内达成合作,并且长期形成战略合作的关系,需要对供应链的整体过程进行分析,要对供应链中各项目的运行进行研究和统一调查,将供应链的运行功能与企业的未来发展相结合。更加重视供应链业务过程的改组,促进开发和开展,体现了供应链发展的趋势。

(五)供应链绩效评价的内容

为了提高供应链的灵活性,应该重点提高供应链中各种资源的利用率,换言之就是提高整体的收益,为了保证资源的利用率,就应该减少浪费,控制资源的各项指标,合理利用资源。由于内部程序效率下降,机会成本下降,增加了供应链收益的概率,从而提高了供应链收益。由于绩效评估系统最终依赖于供应链价值,因此,绩效评估系统除了关注当前的状况外,还应该关注其长期的发展能力。此外必须要说明的是,供应链的绩效评估不应局限在企业内部,而是应该对所有供应链相关的过程都进行评估,无论是企业内部发展,还是外部的市场条件、市场供应以及合作方,从而扩展到整个供应链都需要进行绩效评价。

1. 内部的评估

(1)绩效成本

绩效评估的最基本目标是反映达到特定业务目标所产生的实际成本,绩效成本代表一个单位或销售百分比,代表每个单位的销售成本。

(2)服务能力

它检查了供应链中公司满足用户或下游公司需求的相对能力。

(3)产出率

它被用来评估一种特定产品进出口的相对关系,通常用比率或指数来表示。对于生产力指标的判断,通常可以从静态和动态两方面来进行,也就是说,如果整个生产供应链中的输入和输出都被进行统一分析,那么结果只是一个二者的比较值,可以作为静态的比较结果进行判断。所谓动态就是加入了时间和空间的变化,就是在静态分析的基础上加上时间,通过对不同时间和空间的产出与消耗进行分析得到的动态指标。除此之外还有所谓替代产量指标,意味着不包括生产率这一概念的所有人都不包括这一概念,并且密切地与客户的满意度有关。常用的生产能力指标有客户的满意程度、获利能力、利率和质量等。

(4)资产计量

资产计量重点在于评估设备和装置的资产成本,以实现供应链的目标。资产指标主要用来衡量流动资产的变形速度(如库存),以及如何使固定资产获得投资回报。

(5)质量

质量指标是评估整个过程中最重要的指标,用于确定一系列活动的有效性。但是,由于质量的差异很难测量,而"完善的订单"是提高供应链运营质量的最终标准,其重点是整个供应链的绩效,而不是单一功能。例如,评估订单是否已成功通过订单管理过程:订单接受、信用支付、库存、分类、分配、开票等。

完美的订单代表了理想性能的正确结果。为了在供应链中下达完美的订单,必须满足以下标准:完成所有交货,缩短订单和交易周期,控制最小的交货偏差,准确填写所有文件,包括标签、提货单以及发票,此外还有状况良好、安装正确、外观完整等特点。

(6)学习与创新

供应链并非一成不变,随着市场的不断变化,供应链中的各项信息也在动态变化,由于信息发生了变化,评价的标准也应该有适当的改变。供应链技术创新和持续学习专业知识的两个主要优势直接决定了公司在竞争激烈的全球市场中的长期存在和可持续发展。供应链也需要实现技术创新,在具体的过程中应该分为以下几点:新的应用链技术,产品开发和综合利用,过程体系结构转换和重构设计以及现有供应链系统的重组设计。

2. 外部绩效评估

(1)用户满意度

用户满意度评估可以将供应链绩效评估提高到最高水平,这项评估可以主要由公司或行会针对供应链公司和竞争对手的表现调查供应链系统中的订单跟踪来完成评价。

(2)绩效衡量整体法

随着市场的发展,人们对于供应链绩效的研究不断深入,为了企业能够在竞争中占据主要地位,需要采取有效的方法和措施进行调研。这种方法应该相当相似,并适用于公司职能部门和分销渠道。如果没有整体绩效指标,就会出现制造商的观点和决定与零售商的观点和决定完全相反的情况,综合供应链绩效基于客户服务、时间、成本和资产。

①客户服务:客户服务度量包括订购、客户满意度、改善产品质量和测试以及衡量供应链公司可以交付的客户满意度。

②小时:时间测量主要衡量公司响应用户需求的能力,即客户订购产品后客户使用产品所花费的时间(交货时间,客户收货时间)。

③费用:供应链的总成本主要包括完成订单交易的直接成本,原材料的购置和直接成本,产品运输和存储的总成本,与物流业务相关的企业财务和运营管理以及信息服务系统的总成本。

④资产:供应链资产评估主要衡量资产绩效,例如资本周转,库存周转和总资产销售。

供应链绩效评估的指标,主要是对于供应链系统的整体讨论,除了上述的一些指标之外,还可以对于一些只需要定性分析的指标进行研究。

二、评估供应链绩效的通用指标

绩效以不同的指标衡量,评价指标的选择应基于系统设计的目的和原则,也应基于目的和系统的目的。评价的主题本身具有许多特征,不必知道所有信息的可能性。绩效评估管理是一种企业的核心管理工具,各种绩效可以直接与企业的核心发展目标以及战略思想相挂钩,企业通过调整发展目标,控制企业的各项流程,即可实现供应链中的各项绩效满足要求,同时,各项绩效又能反过来反映企业的经营管理是否成功。

(一)内外部绩效评价指标

1. 规定时间交货率

这表明了上游供应商按时支付货物的数量是上游供应商总货物的百分比。如果交货率降低,则说明了供应商或者企业的支持能力不够,综合生产力不能够满足供应链中的需求。

2. 成本收益

它表明每单位产品的净收入与总成本之比为单位产品。成本价格是基本概念,产品价格与成本利润相同,因此产品成本利润的增加意味着供应商利润的增加,其反映了公司的整体管理水平。在这种情况下,供应商不可避免地会增加他们的合作,因为他们可以从市场价格中大量获利,而且不可能投资于企业变更或设备变更以增加产量。

3. 产品质量合格率

它通过表明产品合格的总产品数量和供应总产品合格数量的一定比例,反映或超出产品供应商所要求提供的产品质量。不足或合格的原料产品数量越多,产品质量就可能越差,或者原料提供商的原料产品质量可能越差或情况更糟,供应商就必须对不足或合格的原料产品数量进行更多原料维修和重新加工,以便能够得到产品更多的原料补充或重新加工,这样很有可能导致收益下降。基于此,要想确保整个供应链中的经济效益指数不断提高,就需要对产品质保有所把控,也由此可以看出供应链中的各项是密切相关的。基于这一思想,也可以分析出产品质量指标与其他指标的关系,比如产品质量与交货率的关系,以及与货物延迟,交货率以及货物维护率之间的关系,如果产品质量把控的越好,那么其他指数就会相对降低,而如果质量得不到把控,那么相对应的维护时间以及合格率都会有所下降。

(二)质量考核主要指标

1. 产销率指标

产品的产销率实际上就是生产出来的产品与销售产品的比值,对于这一指标,主要可以通过以下几点来进行判断:①每个供应链主节点的平均生产销售率指数全面反映了一段时间内每个供应链主节点的生产和运营发展。②主要供应链公司的销售率反映了一段时间内主要供应链公司的销售情况。③供应链中关键的生产效率能够反应供应链的生产效果,与之对应的还有产品的销售率,也能反映销售的发展情况。

这一统计指标除了反映批量生产的最快速度以及整个产品市场的销售速度之外,还反映了整个供应链的所有资源,生产时间销售指数所用的单位(如生产日数)与供应链的时间隔距越短,则质量控制程度就越高。

2. 平均产销绝对偏差指数

这一指标主要统计了整个供应链中的消耗与库存水平,一个产品如果价值越高,那么消耗量就会越大,对应的管理成本也会逐渐地提高,如果一个产品的价值比较低,那么对应原材料成本可能也会较低,管理成本逐渐降低。

3. 生产与需求指标

具体来说，它分为两个指标：①供应链节点的生产需求率表示上层节点的供应关系，下层节点的供给。②企业的生产能力以及对供应链的把控能力，对于市场的反应能力等都属于关键指标，关键指标主要是供应链产品企业能够对于供求关系的把握以及市场关系的把握能力。

4. 供应链生产（或产品周期）

如果供应链节点上的企业生产产品为单个，则供应链节点上的生产周期代表了产品。当供应链中的产品多样性时，供应链中的生产周期通常指同一种混合流生产线的生产周期。供应链管理是适用于不同市场环境的一种新管理方式。节点（包括核心企业）生产的其他品牌。因此，供应链产品的生产周期通常表示节点公司混合流量。

5. 运营成本指标

供应链运营过程中存在各种消耗，也就是所谓的运营成本，主要包括公司内部的运营、供应链数据储存管理成本以及外部公司交通运输费用：①包括供应链节点的通信成本，包括两个节点之间的网络通信成本。供应链节点通信成本通常包括两个节点之间的成本。互联网技术的建设与管理使用维护率，供应链管理信息系统技术开发，管理维护成本等。②供应链中的库存总成本。这包括每个节点公司的产品和成品的库存成本，以及运输过程中每个节点公司的库存成本。③供应链中的每个节点的交通运输成本相同，也就是进入节点的总成本和进出节点的总成本是相等的。④主要供应链公司的产品成本指数，在企业的供应链中，成本指数也就是生产所需要的成本，通常代表着企业的整体管理水平，因为这一项目基本在内部完成。⑤质量指标，顾名思义就是产品的质量，它对于生产出的产品是否合格，有多少产品属于不合格产品，多少客户选择退货，多少客户觉得该产品很有价值的，都是重要的判断标准。

三、评估供应链绩效的不同方法

现有的绩效评估主要基于财务评估方法，在新的市场环境下，这些评估方法存在很多弊端。供应链中的每个节点公司都是动态可调的，工作时间是随机的。当前，对供应链绩效评估系统的研究主要包括面向问责制的关键绩效指标评估系统和面向过程的供应链运作参考模型评估，面向系统和策略的平衡计分卡评估系统以及其他代表性的绩效评估系统。

（一）关键绩效指标评估系统

层次分析法是一种能够得出各项指标重要性的数学模型判断法，通过采用层次分析，可以对于供应链中绩效的关键性进行评估分析，判断出最关键的指标。管理层可以依据判断的结果来在宏观层面进行管理，确保整个供应链的发展以及企业的整体发展。通常，KPI被用来反映策略执行的有效度。关键绩效指标不仅反映出公司对各级工作的动态需求，而且也是评价的基础，它表示的是一个可测的数字指标。

KPI现在已在国际上广泛使用，并且是衡量公司绩效和管理策略的工具。作为量化和预先批准关键指标的系统，这将是通过反映实现程度来有效管理绩效的一种方式。它也是促进企业价值创造的力量。其功能是：①随着公司战略目标的分解，高级管理层可以清楚地了解为公司创造价值的最重要因素的经营状况。②公司的管理人员必须明确供应绩效发生变化的主要原因，以及如何控制这种原因或者进行改善，这样才能够判断公司产品的供应是否能良好发展，并采取措施进行控制。③公司要想准确地实施各种战略计划，就需要对供应链中的各项评价指标进行分析，明确哪些指标需要定性分析，而哪些指标需要定量分析。④反映重要和重要的业务行为，使管理者可以将重点放在具有出色绩效刺激因素的行业上。⑤已得到中高层领导的一致认可，得到了绩效考核人员的及时评价，为企业绩效评价管理与上下级管理人员进行有效的沟通与协调提供了坚实客观的理论基础。

当前常用的 KPI 分析方法包括鱼骨图分析和平方图分析，它们可以识别关键问题并解决实际工作中的主要矛盾。

对重要绩效指标进行确定，这是一个确定其性能与标准是否符合的实际考虑因素。根据企业范围的 KPI，将部门分为一个部门，并用定量或定性指标确立部门重要的绩效评估指标和职务。

关键绩效指标的实力是评估公司的关键绩效领域。简而言之，KPI 是一种设计，它根据评估目标的管理方式为其添加评估权重。现在，将平衡记分卡和 KPI 与公司战略和目标相结合以加强 BSC 的四个方面（这通常用于评估供应链绩效）非常普遍。

（二）供应链运作参考模型

目前，已经推出了八种版本的分类模型，这是第一种标准的供应链过程模型。它有一个相对成熟的框架和理论方法，指导供应链管理过程的分类。供应链诊断工具适用于各层次。

在绩效分析中，评分是一种很有效的方法，通过分数来客观地评价整个供应链，发现过程中的不足，并且能够有效地提出改进目标。这就需要对于整个供应链的具体流程有足够了解，需要对供应链的每一个环节有足够明确的标准，要有量化的依据以及具体的评分基准，这样才能确保企业的进一步发展。

评分模型定义了五个基本工作流程：供需、管理计划；购买库存产品和按订单生产的产品；生产产品，以满足不同类型的需求；运输产品，包括选择运输方法和路线，安排装货准备，确定运输时间表，跟踪和控制运输过程；退货，退回原材料，从消费者处接收产品的退货。

在整个模型中，绩效评估将会考虑所有的联系方，包括企业内部与企业外部，也就是囊括了供应链中的所有关系，而不再只是传统的单方面企业内部评估。

（三）平衡计分卡的基本框架

平衡标记分卡工具原本是用来评估企业的绩效而进行评估和测量的一种特殊工具。经过不断地发展，它已经与公司发展战略密切结合，并已经发展为一个有效的企业战略目标。

平衡计分卡模型是通过利用公司范围内的各种绩效评估管理指标来系统地分析和表达绩效经理的理想结果的模型。该模型主要评估整个组织的整体绩效，包括财务，客户内部业务管理程序，技能学习和职业发展。

要想制定平衡模式，首先要对公司的整体评估模式以及战略布局有足够的了解，其次必须要获得批准，也就是说，评估系统必须要以目标为基础。在具体的实施过程中，要与整个供应链的过程相结合,实现真正意义上的绩效评估,要通过对整个业务的流程以及加强客户分析,加强财务管理,在进行总结等方面,对整个供应链中的各项执行情况进行分析,结合整个企业的目标进行绩效评估。

与传统的绩效评估方法(部分概括和完全替代)相比,平衡计分卡融合了企业各个方面的绩效,并对企业进行了全面评估,包括综合思维和局部概念。

1. 内外保持平衡

平衡后的方法与传统方法有很大的不同,将传统方法的范围进行了扩大。传统方法只注重内部,而平衡后的方法将注重内外结合,不仅要让企业内部达到平衡,同时也要让客户满意。

同时,余额记分卡也不会忽略。公司使用无形资产(如流程、员工的学习发展和开发)来评估企业成功,也是企业将知识转换成生产力的一种方式。

2. 平衡目标的短期目的和长期目的

传统的绩效评估系统通常会设置太多的短期指标,以确保公司维持其短期财务绩效,尤其是对长期绩效进行过多投资以创造长期价值,对无形资产的投资太少。

3. 平衡财务关系

财务之间的平衡主要是为了平衡财务方面的绩效与其他业务之间绩效的关系,由于当前的一些传统评价模式对于评价方法过于局限,因此需要探索有效的平衡模式,通过增加平衡指标,比如说整体流程,客户的关注度以及业务发展模式来打破管理局限实现平衡。

4. 前后指示的平衡

初步控制和管理可以是对初步指标的直接控制,它们是某些预测结果的动力。跟踪指标有追踪力,但在经过实际操作后是不可避免的,它们表现出过去,不能直接控制。管理和管理平衡计分卡与这两项指标很好地结合在一起。例如,财务指标是一个滞后的指标,因此企业必须确定其未来财务成绩的关键驱动因素,这是一项领先的指标。

第二章

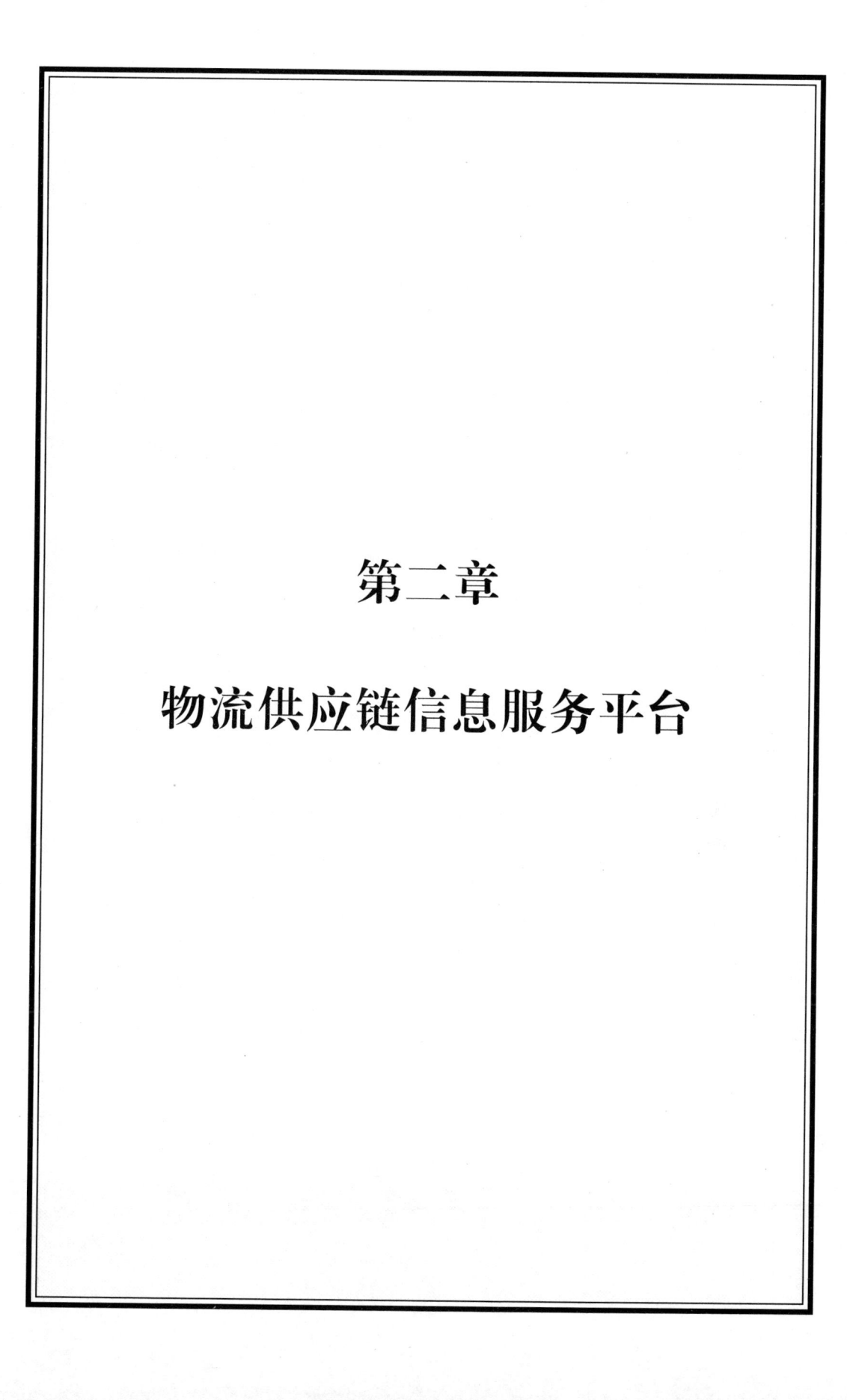

物流供应链信息服务平台

第六章

第一节　智慧物流信息平台

一、智慧物流信息平台概述

（一）智慧物流信息平台的建设意义与目标

随着物流业的转型升级，物流企业对智慧物流的需求越来越强烈、越来越多样化，主要包括物流数据、物流云和物流技术三大领域的服务需求。智慧物流是"中国制造2025"战略的重要基石，按照目前物流行业的快速发展，预测到2025年，智慧物流服务的市场规模将超过万亿元。

智慧物流信息平台的建设目标是以大数据、云计算、智能硬件等智慧化技术与手段为支撑，在物流的运输、仓储、包装、装卸搬运、流通加工、配送、信息服务等各个环节实现系统感知。

同时，建设智慧物流信息平台有利于提高物流系统思维、感知、学习、分析决策和智能执行的能力，提升整个物流系统的智能化、自动化水平；有利于整合供应链物流系统资源，发现、汇总、创新，实现物流规整智慧、发现智慧、创新智慧和系统智慧；有利于降低社会物流成本、提高物流效率、开拓高端产品、有效推进物流业转型升级。

（二）智慧物流信息平台总体框架

智慧物流具有两大特点，一是互联互通、数据驱动，即要求物流要素互联互通且数字化，以"数据"驱动一切洞察、决策、行动；二是深度协同、高效执行，即跨集团、跨企业、跨组织之间深度协同，基于全局优化的智能算法，调度整个物流系统中各参与方高效分工协作。

智慧物流信息平台是一个能够深刻体现智慧物流优势、落实企业与行业信息化发展的有效工具，结合物流行业发展战略与信息化建设需求、物流基本要素、物流企业核心业务等，体现综合化、信息化、协同化的智慧物流，将智慧物流信息平台划分为八大子系统。主要包括运输管理系统、仓储监管系统、配送管理系统、货运信息服务与发布系统、物流金融服务系统、物流增值服务系统、安全管理与应急保障系统、大数据应用服务系统八大应用系统。通过智慧物流信息平台，能够实现各应用系统的互联互通与信息共享，实现服务区域内的产业协同联动，从而降低成本、提高业务运营效率与管理水平，实现业务管控集中化、一体化、规范化、可视化与智能化的信息服务。

二、运输管理系统

（一）建设需求及意义

1. 系统建设需求

运输是物流运作的重要环节，在各个环节中运输时间及运输成本占有相当比重。现代运输管理是对运输网络和运输作业的管理，在这个网络中传递着不同区域的运输任务、资源控制、状态跟踪、信息反馈等信息。运输管理系统是指能够利用现代计算机技术和物流管理方法将运输管理智能化、可视化,以达到克服传统人为控制运输网络信息和运输作业所产生的效率低、准确性差、成本高、反应迟缓,无法满足客户需求的目的。

具体来说,运输管理系统就是利用现代信息技术,实现对运输计划、运输工具、运送人员及运输过程的跟踪、调度指挥等管理业务的有效管理,解决智能化综合运输的问题。旨在将时间效率、便捷性、个性化需求作为衡量标准,综合各种运输方式的互补和相互促进作用,实现整个运输系统高效运转,同时能够协调各种运输方式之间的关系,进一步提高运输能力、运输速度和经济效益。

2. 系统建设意义

运输管理系统立足物流行业现状,结合企业发展目标,着眼长远,从提高运输管理信息化的宏观高度出发,利用新技术、新手段、新装备,实现物流企业业务部门间的信息资源共享和协调配合,实现运输业务统一管理,对物流运输业务提供一流管理、组织和服务。

运输管理系统主要完成对运输工具和运送过程的管理,有利于提高物流运输的服务水平,在运输业务的智能管理方面,能够有效降低运输管理成本、提高运输过程中的服务质量、保障车辆和货品的安全并为决策支持系统提供相关依据;在保障运输体系的高效运转方面,能够实时掌控车辆、人员以及运输任务的完成情况,合理分配任务资源,减少在运输任务密集时间内车辆、人员和车队的空置现象,高效完成运输任务,提升车辆有效满载里程;在实现社会车辆的运力整合方面,能够提高对车队、车辆的管理效率,降低管理成本,借助信息化手段和智能化管理方法提高服务水平。

(二)业务流程分析

运输业务流程以完成运输任务为核心目标,即通过对运单信息、车辆、人员和货物的调配,完成接收需求、编制运输计划、调度车辆、运输跟踪和反馈核心环节等环节。因此,本系统应在满足客户需求的基础上,对运输过程中的核心业务环节进行信息化和智能管理,以提高服务水平、增加系统弹性和适应性、实现降低运输成本的目标。系统功能应统筹安排运输计划,主要包括计划制订、计划传达、反馈修改等过程,而在运输环节中应对货物装卸作业、在途运输、相应单据接收、各部门之间信息传递进行流程化操作和管理,达到精细化控制运输过程的目标;通过实时跟踪相关信息,及时在线更新,实现对在途车辆和货物的信息反馈,以便对运输业务进行监管。

物流企业的运输业务按如下方式展开:事业部完成运输计划的编制,并将反馈调整后计划传达到调度中心;调度中心根据计划完成车辆和人员的调配并生成相应单据;运输信息以单据为载体在部门间流动,运输部门实施运输作业完成运输流程;通过系统相应技术的定位功能对货物和车辆实时信息进行反馈,保证货物和车辆信息反馈,使运输高效、快捷、安全完成。

运输业务数据流程即对系统内部数据流动构建物理模型,是由数据在各部门传输过程来反映实际运输业务数据处理的模式。结合对运输过程中的实际操作需求进行分析和整理,将接收运输需求、编制运输计划、调度人员车辆和在途运输信息反馈等核心业务环节的数据流程作为运输管理系统的核心数据流程。

（三）系统总体结构及功能描述

运输管理系统应涵盖物流企业运输相关核心业务，是提高企业综合能力、降低运输成本、发掘经济增长的重要环节和切入点，运输管理系统的主要功能架构应当包括基础信息管理子系统、运输计划管理子系统、车辆调度管理子系统、动态实时跟踪管理子系统、车辆状态及安全管理子系统、订单管理子系统、财务和绩效管理子系统、统计与分析管理子系统。

1. 基础信息管理子系统

基础信息管理子系统包括系统用户管理、车辆信息管理、货物信息管理、运输人员信息管理、客户信息管理、用户反馈信息管理等功能模块。旨在通过对业务往来企业、车辆以及用户反馈信息的组织管理，在计划编制和运输以及信息在各部门流通、传递的过程中提供支撑和方便。

2. 运输计划管理子系统

运输计划管理子系统包括车辆管理计划、装车计划、运输计划、车辆调度计划、运输量计划、人员分配计划等相应功能模块。旨在通过对运输需求整合、分类、再分配，对车辆、人员和运输业务进行初步规划，再制订相应计划，指导车辆调度作业，在很大程度上提高了运输作业的效率，更好地指导车辆进行调度工作，保障运输任务的顺利完成。

3. 车辆调度管理子系统

车辆调度管理子系统包括行车指导、运输车辆选择、车辆应急调度管理、司机信息管理、车辆安全与维护等功能模块。即根据运输任务和运输计划，通过有效的调度管理，使自有车辆和社会车辆形成一个有机整体，最大限度地发挥运输潜力，并同时根据掌握的货物流量、流向、季节性变化等情况，针对运输计划，全面细致地安排车辆运输任务，保证安全、高效、快速地完成运输任务。

4. 动态实时跟踪管理子系统

动态实时跟踪管理子系统包括货物和车辆实时跟踪管理、运输监控管理、货物与车辆在途状态查询、运输通信管理等功能模块。旨在通过动态实时跟踪管理对在途车辆及其信息进行管理，反馈车辆状态和货物运输状态，对在途车辆、车载终端、运输人员等设施设备和运输货物位置、运到时间、货物状态等进行管理和控制，实现和车辆调度的完美衔接，使运输信息传递形成完整闭环。

5. 车辆状态及安全管理子系统

车辆状态及安全管理子系统包括车辆信息采集与管理、车辆信息跟踪、车辆状态查询、车辆安全预警、车辆安全应急处理六个模块。旨在对车辆状态进行管理，从而反馈得到车辆是否在维修、是否到达检修时限、车辆状态评估结果等信息，并且在车辆状态不合格时进行安全预警。

6. 订单管理子系统

订单管理子系统包括订单生成管理、订单状态管理、订单审核管理、单证实时查询四个模块，旨在将实际运输业务订单产生、发展、建立、确认、完成、信息储存的全过程信息化处理，同时实现运输业务数据流程的完整性。

7. 财务和绩效管理子系统

对财务和绩效进行管理，主要是对运输成本进行核算、对运输人员以及驾驶员进行绩效考核和分配，实现了对运输价格的掌握，辅助于绩效管理，有利于实现企业经营目标，产生良好的激励效应和对公司内业务的良好管控，实现领导层对经营事务的把握和对经营决策的选择。

8. 统计与分析管理子系统

统计与分析管理子系统包括运输量统计分析、运输日志管理、行车记录管理、财务指标统计分析、核心指标统计分析五个模块。旨在通过对日常产生的各种数据进行读取、分类、分析和计算等环节，辅助支持公司决策，同时为所提供物流服务的企业提供咨询建议。

三、仓储监管系统

(一) 建设需求及意义

1. 系统建设需求

仓储监管系统集库存管理、货物进出库管理、客户统计等功能于一体，并充分运用数据仓库、数据共享、数据挖掘等大数据技术和智能化技术。这一系统可以提高仓储作业的效率、降低仓库运营成本、实现业务流程的透明化和可视化，确保信息的高效处理、有效利用和及时共享，并能运用智能终端、信息平台等对仓储的运作情况进行实时统计和数据分析，形成相应的仓储产品指数，对仓储企业及上下游企业业务的合理运行进行指导。

2. 系统建设意义

物流企业运用现代化的信息技术建设相应的仓储监管系统，对物流过程中产生的信息进行采集、分类、传递、汇总、识别、跟踪、查询等一系列处理，各个信息系统之间的数据相互传递、共享，并作用于仓储活动的全部业务流程当中，实现信息管理。实现对货物流动和在库保管过程的全方位控制，从而提高仓储监管各项业务的效率，提高业务的处理速度和规范化程度，降低仓储成本，减少货差货损，提高服务质量，提高业务信息化水平，保证信息的高效流转和互联互通，实现物流仓储业务的智能化、信息化和自动化，增强企业仓储业务的核心竞争力。

(二) 业务流程分析

仓储监管业务流程以在库货物的保管和管理为核心内容，这一流程是从被保管货物到达仓库开始，经过相应的保管作业，直到货物按需求送出保管场所为止的一系列作业流程。仓储是连接生产者和消费者之间的重要纽带，是整个供应链中的关键一环，而仓储业务的业务流程对提高物流运作效率、优化作业资源配置起着决定性的作用。因此，本系统应在满足客户需求的基础上，对仓储过程中的核心业务流程进行细分，以提高服务水平、增加系统弹性和适应性、实现仓储业务的增值。通过对仓储监管的入库管理、库存内部管理和出库管理三个核心业务进行梳理和分析可以得知，入库管理主要内容包括货物检验、入库作业、入库查询、分配仓位；库存内部管理主要内容包括货物查询、货物盘点、仓位调整、仓位信息管理；出库管理主要内容包括货物检验、出库准备、拣货备货、生成出库单。

(三)系统总体结构及功能描述

仓储监管系统作为物流信息的信息枢纽,是控制库存、降低库存成本、提高经济效益的关键一环。为确保仓储管理业务的顺利开展,仓储监管系统应基于上下游企业的需求进行有效的库存管理,并根据配送需求进行高效的出入库作业,还应能够为供应链上各节点企业提供决策支持信息。仓储监管系统主要包括基础信息管理、入库管理、库存管理、出库管理、仓储信息监控管理、仓储财务管理、客户关系管理、业务数据分析管理八个子系统。

1. 基础信息管理子系统

基础信息管理子系统主要包括四个功能模块,分别为权限设置管理、用户信息管理、库存信息管理和货物信息管理。主要用于对仓储监管系统中的基础信息进行管理和统计,对各类系统用户提供系统权限管理等。这一子系统中所包含的信息将贯穿整个仓储监管系统,是货物的入库管理、库存内部管理、出库管理和数据分析等具体业务的基础。

2. 入库管理子系统

入库管理子系统的具体功能包括货物检验、仓位分配、入库作业、入库查询四个模块。主要用于对货物入库的前期准备工作和入库作业工作进行管理和记录。由工作人员根据货物采购单确定货物准确无误,再由系统根据货物的种类、货物特性、保管方法等统筹分配相应的仓位、入库时间和入库操作人员,以达到入库流程标准化、信息化的目的。

3. 库存管理子系统

库存管理子系统主要包括货物查询、库存调拨、货物盘点、仓位信息查询四个功能模块。主要用于对在库货物的管理和查询,即通过货物盘点功能可以实时追踪仓库中货物的库存情况,为用户提供最新的货物库存信息,实现多仓库之间的货物调拨,以适应多品种货物和多仓库环境的监管要求,实现在库货物的有效管理。

4. 出库管理子系统

出库管理子系统包括出库准备、拣货备货、货物检验、生成出库单四个功能模块。主要用于对货物出库前的准备工作和出库作业工作进行管理和记录。根据客户所需要的货物名称和数量,由工作人员对货物进行检验,以确定库存足够,由系统根据货物的出货时间、出货种类等,统筹安排拣货备货和货物出库,并生成相应的出库单据。以达到提高出库效率、改善服务水平、实现出库作业流程的标准化和信息化的目的。

5. 仓储信息监控管理子系统

仓储信息监控管理子系统分为货物基础信息、货物状态信息、设备状态信息、业务流程信息、库存预警、作业环境监控六个功能模块。主要用于实现各种仓储信息的初步处理、展示和查询,且对仓储监管系统其他子系统中的数据进行分类处理和实时更新,以达到全方位监控货物在库、运输、移库等过程,提高仓储服务水平的目的。

6. 仓储财务管理子系统

仓储财务管理子系统包括费用结算、采购管理、销售管理、结算管理和财务信息检索查询五个功能模块。主要根据相关法规制度,对仓库的仓储成本(仓储费用、吊装费用、转户、库存调拨费用、装卸费用等)、租赁费用等相关费用标准和企业的采购、销售需求等相关数据进行统计和计算,并按照财务管理的原则组织企业财务活动、处理财务关系,对结算情况进行分析,生成相关财务报表与业务运行统计图,以实现仓储企业财务信息的自动化管理目的,为决策提供支持。

7. 客户关系管理子系统

客户关系管理子系统包括客户资料、仓储报价、收款明细、合同管理、到货提醒与欠款提醒六个功能模块。主要通过客户关系数据库对客户的历史业务数据进行统计分析和客户评价,以实现分析客户需求、提供个性化服务、改善服务质量、为决策提供支持等作用。

8. 业务数据分析管理子系统

业务数据分析管理子系统包括联机登录、容积计算、损毁登记、状态报告四个功能模块。结合数据仓库、数据挖掘与数据分析等大数据技术和智能化技术,对仓储监管中的所有数据进行系统化分析,将库房利用率、设备利用率、中转率、货物进出量、仓储收入等信息数据以报表、图表等形式反馈给系统操作人员,着重改善仓储业务服务水平、提高仓库利用率。

四、配送管理系统

(一)建设需求及意义

1. 系统建设需求

配送直接面对消费者,最直观地反映了供应链的服务水平,如何将产品及服务在恰当的时间、地点,以较高的服务水平和质量、较低的成本将恰当的商品或服务提供给恰当的消费者成了物流企业必然要思考的配送问题,多品类、少批量、多频次的配送则对企业的服务质量、资源和成本提出了更高要求。而集约配送系统则是通过多种信息化技术手段,围绕配送一体化管理,借助于该系统的统计和分析功能,以提高配送综合效益为目标,实现配送的集约化、信息化、智能化管理,从而达到对不同商品或货品配送过程降本增效的目的。

2. 系统建设意义

采用智慧化配送方法可以形成集中成规模的、便于现代化的生产组织形式,能够协调各物流企业目前的运输资源,发挥集团化、规模化的优势,挖掘第三利润源泉,降低物流成本。也充分利用了信息和网络技术,运用了现代组织和管理方式,延伸了供应链管理领域的服务范围,将物流、运输、仓储、配送、信息等环节进行有效资源整合,规避资源重复设置和浪费。

(二)业务流程分析

配送业务从客户委托配送任务开始,主要包括订单处理、进货、储存、分拣、流通加工、配装出货、送货等环节。

配送管理系统的主线业务流程为客户发出配送需求,在业务受理后进行调度派车作业,同时对货物进行定价出单并将信息传达至仓库,若缺货则进行补货;分拣人员根据订单在仓库中进行拣选分类;由配送运输部门安排车辆,选择配送路线,并对在途的车辆和货物进行监控;货物到达送货地点后,收货人检查完毕再进行确认签收。

(三)系统总体结构及功能描述

配送作业信息系统是对订单处理、备货、储存、拣货、配货、送货等作业过程中的信息进行分析和处理的信息管理系统。配送作业信息系统由订单管理、进货管理、储存管理、理货管理、配送运输管理、财务管理六个子系统构成。

1. 订单管理子系统

订单管理包括客户订单的接收、审核、执行跟踪、终止与废止等功能,为客户提供周到的服务,尽量满足客户的需要。订单接收是接收客户订单,对订单信息进行登记,包括客户信息、需求单位信息等。根据订单信息,对客户分布、商品性质、品种数量及送货频率等资料进行分析,以此确定所要配送的货物的种类、规格、数量和配送时间等,并进行信息入库,及时制订补货计划等。订单审核对订单的有效性进行审核,如有订单不符合规范,则进行修改或拒收。订单执行跟踪是对订单的执行情况进行跟踪,及时掌握订单处理状态。

2. 进货管理子系统

进货管理是配送的准备工作或基础工作,备货工作包括筹集货源、订货及有关的质量检查、交接等。进货管理主要包括订货管理、接货管理和验收管理。配送中心首先根据客户订购的商品种类和数量,以及库存水平,及时向供应商订货或补货。也可以根据客户需求预测情况,提前向供应商订货。确定适合的商品订货数量,既要能满足客户需求,又要尽可能降低库存积压。然后对不同供应商的供货时间、地点、商品种类、数量等进行跟踪管理,根据这些信息提前安排人力、物力接收货物。最后,根据合同条款要求和有关质量标准,对商品的种类、规格、数量、质量、包装等内容进行验收。商品验收合格后,办理有关登账、录入信息及货物入库手续,组织货物入库。

3. 储存管理子系统

储存管理主要包括入库管理和在库管理。入库管理包括预定入库数据处理和实际入库数据处理。预定入库数据处理主要指根据采购单上的预定入库日期、货物种类及数量,供应商预先通知的到货日期、货物种类及数量,定期打印出预定入库数据报表。实际入库数据处理主要包括根据采购单号、厂商名称、货物基本信息等,完成入库货物验收信息的记录及验收中意外情况的处理记录,制订入库月台及卸货地点安排表。在库管理主要包括货物分类分级管理、订购批量及订购时点的确定、库存跟踪管理、盘点管理和预警管理。货物分类分级管理就是按货物类别统计其库存量,并按库存量排序和分类。订购批量及订购时点的确定是指根据货物名称、单价、现有库存信息、采购提前期及配送成本等数据计算确定订购批量及订购时点。库存跟踪管理主要是从现有的数据库中调用现有库存的储存位置、储存区域及分布状况等信息,生成货物库存量查询报表、货位查询报表、积压存货报表等。盘点管理主要包括定期打印各类货物盘点计划表、输入盘点数据、打印盘盈盘亏报表、库存损失率分析报表等。预警管理是对商品库存数量、保质保鲜、滞销畅销情况等进行预警处理。

4. 理货管理子系统

理货管理子系统包括货物分拣管理、配货管理和流通加工管理。分拣管理是针对顾客的订单要求和配送计划,配送中心迅速、准确地将商品从其储位拣取出来按照一定方式进行分类集中,合理规划与管理分拣,有利于配送中心作业效率提高和降低作业成本。为了充分利用运输车辆的容积和载重能力,提高运输效率,可以将不同用户的货物组合配装在同一辆载货车上,因此,在出货之前还需完成组配或配装作业。有效的混载与配装,不但能降低送货成本,而且可以减少交通流量、改变交通拥挤状况。流通加工管理主要包括根据客户的订单内容及拣货与流通加工资源信息,制订拣货规划、流通加工规划,记录拣货人员或流通加工人员的实际工作情况,制作并打印实际工作报表等。

5. 配送运输管理子系统

配送运输管理子系统主要包括配送计划、配载调度、车辆管理和在途车辆跟踪。配送计划主要是明确客户的配送物资品类、规格、包装形式、运量和发运时间以后,制订相应的计划,包括配送时间、装载方式、车型选择和车辆安排等。配载调度是指根据运力资源的实际情况,对配送运输作业任务进行调度安排,生成相应的运输作业指令和任务,具体指根据货物的重量、体积、目的地、车辆情况、驾驶员情况及线路情况,制订出车辆、货物和路径的最优组合。配载调度模块包括线路选择、装载规划及车辆调度三个功能。车辆管理主要包括车辆业绩统计、车辆档案管理、车辆保养、车辆消耗、路线管理、车辆维修管理等功能。在途车辆的跟踪,可以通过卫星定位系统对车辆在途状况进行监控,及时了解并记录车辆位置和状况,如正常行驶、故障、中途卸货、扣留等。通过在途车辆跟踪,可以查询任意指定订单的车辆在途情况。

6. 财务管理子系统

财务管理子系统包括运单结算、人员工资管理。对完成的运单进行结算处理。货物出库后,配送中心根据出货数据制作应收账单,并将账单转入会计部门,当客户收到货物,订单任务完成进行结算;对配送各环节的人员工作情况进行统计,财务会计部门在向员工支付工资时,必须出具工资明细清单。

五、物流金融服务系统

(一)建设需求及意义

1. 系统建设需求

随着我国经济的调整发展和政策的逐步开放,物流金融逐渐成为经济发展的重要一环,特别是在物流业发展迅猛的今天,物流金融已经形成巨大的市场需求。物流企业也应当逐步开展仓单质押、融资租赁、贸易融资、代客结算、商业保理、应收应付、车辆贸易回购等物流金融业务,有效地组织和调剂物流业务中各类存款、贷款、租赁、保险、贴现、抵押、沉淀资金,以及银行办理的各类物流业相关的中间业务的资金流动,从而为实现自身物流业务的增值,创造新的利润增长点。

2. 系统建设意义

物流金融服务系统可以保证物流、信息流、资金流在物流企业、金融机构、融资企业之间无障碍流转和共享,改善信息共享水平;可以对物流金融业务从立项开始到项目结束所有的合同、票据、贷款发放、资金流向、质押过程、保险等信息进行全程追踪,以保证监管方、银行、生产商、经销商等多方获益,提高风险管控水平;最终提高物流金融业务运转效率,提高自身的盈利能力和管理水平,拓宽中小型企业的融资渠道,提高金融机构的竞争力,实现供应链服务水平的提升。

(二)业务流程分析

物流金融服务常见的形式包括融资租赁业务、仓单质押业务、保兑仓业务等,具体业务流程分析可分为以下内容。

1. 融资租赁业务流程分析

融资租赁是一种有效的资金筹措方式,是指出租人根据承租人对出卖人、租赁物件的选择,向出卖人购买租赁物,提供给承租人使用,由承租人支付租金的一种金融业务。这一业务要经过申请融资租赁、项目评估、签订合同、办理贷款、合同执行等流程。

2. 仓单质押业务流程分析

仓单质押业务是根据货主企业要求把货物存储在仓库中,凭仓库开具的仓单向银行申请贷款,银行根据货物的价值提供一定比例的贷款,同时,由仓库代理银行监管货物,并收取一定报酬。

3. 保兑仓业务流程分析

保兑仓业务以银行信用为载体,以银行承兑票据为结算工具,由银行控制货权,卖方受委托保管货物并承兑票据,保证金以外金额部分由卖方以货物回购作为担保措施,由银行向生产商及其经销商提供的以银行承兑票据的一种金融服务。

(三)系统总体结构及功能描述

物流金融服务系统是根据物流金融业务需求,针对相应的物流金融业务,结合金融机构实时监管的需要,设计了相应的子系统,以实现对各类基础信息、银行贷款信息、投保信息、质押过程信息等的管理,并对质押物品的价格进行实时监控,确保业务的高效运转。物流金融服务系统包括以下几点:基础信息管理子系统、融资租赁管理子系统、商业保理管理子系统、代客结算管理子系统、贷款管理子系统、仓储保险子系统、质押过程管理子系统、价格监控与智能预警子系统和统计分析子系统。

1. 基础信息管理子系统

基础信息管理子系统包括申贷机构基础信息管理、金融机构基础信息管理、质押物基础信息管理,以及票据信息管理。实现了对各种信息的查询、修改、添加和报表生成等,是对基础业务信息的集成化、标准化管理,为业务的开展和数据分析提供了数据基础。

2. 融资租赁管理子系统

融资租赁管理子系统包括审查信息管理、租前信息管理、租后信息管理和合同管理。主要用于车辆售后回租业务。实现了对车辆售后回租的各个环节的信息化管理和控制,并对租赁客户、担保人、供应商的租赁信息和车况、还款信息和产权转移等流程进行可视化管理,以提升融资租赁的效率和管理水平。

3. 商业保理管理子系统

商业保理管理子系统具体功能包括账款管理、账款催收、信用管理和合同管理。通过建立商业保理管理子系统可以实现对商业保理中的账款催收、账款转移、信用管理、合同管理等管理过程实行信息化管控，从而减少坏账、提高商业保理的业务水平和质量。也可以实现前期风险管控、明确关键时间节点、对账款进行全程追踪，进而提高业务运作水平。

4. 代客结算管理子系统

代客结算管理子系统包括代收货款、垫付货款、沉淀资金管理和合同管理。实现了代收货款、垫付货款等流程的标准化管理和对沉淀资金的流向进行全程监控，从而为客户提供优质、高效的代客结算业务，降低客户的资金交易风险，保障资金安全，并利用沉淀资金周转带来的效益实现供应链整体效益的提高。

5. 贷款管理子系统

贷款管理子系统具体功能包括贷款申请管理、贷款审核管理、贷款发放管理、贷后信息管理和贷款明细管理。实现了对贷款的申请、审核、发放以及贷款跟踪检查等环节的管理，使得各环节及相关业务数据的管理规范化、高效率，从而准确评估每笔贷款的实际价值和风险程度，追踪贷款的流量流向，降低贷款风险、提高贷款质量、增加信贷收益。

6. 仓储保险子系统

仓储保险子系统包括保单信息管理、投保管理和理赔信息管理。实现对保单、投保、退保、理赔过程的查询和管理，确保业务运营风险可控，降低风险事件带来的损失。同时，可以通过这一子系统销售相关仓储保险产品，为客户提供全方位的服务。

7. 质押过程管理子系统

质押过程管理子系统包括质押审核、巡查管理、解押管理和保全管理。实现对质押过程中货物的审查、管理、解押、保全等业务环节的数字化、智能化管理，从而减少货物在库过程中的损失，提高质押水平，以确保仓单质押业务稳健、高效开展。

8. 价格监控与智能预警子系统

价格监控与智能预警子系统包括价格监控、价格预测和智能预警。实现了对质押物品市场情况和商业价格的实时监控与智能预警，提高业务风险掌控能力，减少因市场波动而造成的损失，进而保障贷款机构与申贷机构的商业利益，并为数据分析提供数据基础。

9. 统计分析子系统

统计分析子系统包括业务分析、市场分析和报表生成。通过对物流金融业务的活动情况和资料进行收集、整理，并结合企业发展需求和业务开展情况对数据进行相应分析，再以报表、文档的形式反馈给用户，帮助企业分析物流金融业务运转水平、了解市场和客户需求，从而改善自身服务水平。

六、安全管理与应急保障系统

（一）建设需求及意义

1. 系统建设需求

随着移动互联网和大数据时代的到来，自然和社会等各方风险、矛盾交织并存，信息安全越来越得到重视,同时在运输管理、仓储管理、配送管理及其他增值服务等的日常业务中,安全及应急保障是企业必须要注重的方面。需要有一个相对完善的安全管理体系,在出现突发情况时,能够快速启动应急流程,依据相关应急预案以最快的速度进行处理,将损失降到最低,切实保障智慧物流信息平台的安全性和可控性。

2. 系统建设意义

安全管理与应急保障系统可以为综合运输、仓储监管、集约配送等业务制订安全有效的处理办法,保障各项业务的顺利开展,是能够成为保障企业正常运作的重要系统支撑和保障手段;同时,当遇到突发情况时,系统将快速接收突发事件的相关信息,并及时通知相关管理人员,进入突发事件的应急处理程序,跟踪事件的处理过程并及时展现,以求用最有效的方式快速解决突发事件,有效提高企业事故处理、紧急响应能力。

(二)业务流程分析

安全管理与应急保障系统通过业务管理人员、相关监控设备等将采集到的仓储信息、运输信息、配送信息等基础信息导入到系统中,经过分析处理形成数据库,并建立综合查询功能。通过安全评价、安全预警子系统,不断完善应急预案,保障企业物流运输、配送、仓储等业务的安全、可靠运行。

(三)系统总体结构及功能描述

针对物流企业智慧物流信息平台数据及系统安全,建立安全管理与应急保障系统,完善业务管理体系,一旦出现突发情况,快速启动应急流程,依据相关应急预案以最快的速度进行处理,将损失降到最低,切实保障企业信息及业务的安全性,提升应急保障能力。具体包括业务安全管理子系统、安全评价子系统、安全预警子系统、应急预案子系统。

1. 业务安全管理子系统

业务安全管理子系统主要包括业务基础设施管理、业务流程安全管理、业务人员安全管理三个模块。主要是针对业务流程、业务人员安全权限的管理,满足企业对运输、配送、仓储等业务的安全管理需求,保障企业用户物流运输、配送、仓储等业务安全、可靠的运行。

2. 安全评价子系统

安全评价子系统包括评价指标体系建立、安全系统评价模型、安全系统评价分析。主要用于对安全信息及统计信息进行安全评价,为安全预警提供相应的指标数据,对企业的安全预警、应急预案启动起到一定的指导作用。

3. 安全预警子系统

安全预警子系统主要包括预警准则及指标生成、警情预测模型建立、警情数据分析与级别判定、安全预警决策支持。依据预警指标体系、警源类型和警情分析模型的设立,对企业物流运输、配送、仓储等业务的安全状况进行分析,确定报警类型和报警级别,并根据分析结果,对外发布警情。

4. 应急预案子系统

应急预案子系统主要包括应急预案分类管理、应急流程管理、应急预案自动生成及应急预案调用与实施。该系统可根据报警级别或临时报警,确定是否启动应急预案,通过决策支持辅助相关人员实施应急措施,并进行事故的情况评估,同时将成功实施的对策添加到决策支持库中,提高应急响应的速度与质量。

七、大数据应用服务系统

(一)建设需求及意义

1. 系统建设需求

企业的运营过程会产生大量的数据,特别是在全程物流的运输、仓储、装卸搬运、配送、物流金融等业务环节都会产生巨大的信息流。这就需要以物联网、云计算、数据仓库、数据挖掘、地理信息系统、商务智能等先进的技术为支撑,对日常物流活动运作过程中产生的数据进行汇总、分类分析等处理,以挖掘隐藏在数据背后的潜在规律,对企业分析、预测和决策起到至关重要的作用。

2. 系统建设意义

大数据应用服务系统能够通过实现众多系统的交互和大量信息协调,并通过对数据分析和处理来挖掘数据背后的信息,用图表的形式为企业提供深层次的业务分布和运行水平分析,并为平台其他用户提供信息服务。这就能够帮助企业了解客户的市场策略、供应链运作情况和销售策略,设计具有针对性的个性化服务,进而提高服务水平、巩固客户关系、增加客户信赖、提高客户忠诚度和客户黏性;同时通过对业务运行数据的收集、分析处理,企业可以了解自身业务的运作情况、自身业务发展趋势、各类业务的利润水平、增长速度、市场需求量和新的业务需求方向等信息,辅助负责人及时调整发展策略与决策,实现低成本、高效率、优质服务、绿色环保等多元化发展目标。

(二)业务流程分析

大数据应用服务系统主要是根据企业自身的业务开展情况,对数据库中相关业务数据进行分类、提取和转换,并将分析结果用可视化图表表示出来,实现业务的报表展示。

(三)系统总体结构及功能描述

根据实际业务需求,以通过云计算、数据仓库、数据挖掘与GIS等技术实现对各业务系统数据的分类、提取、汇集、整合、共享为目的,设计出大数据应用服务系统,其主要功能是实现对业务的数字化与图形化分析与展示,为管理人员提供报表展示、业务评估以及辅助决策等服务,并为上下游企业提供大数据分析服务。这一系统包括数据分类汇总、统计分析、预测分析、运营分析和商务智能五个子系统。

1. 数据分类汇总子系统

数据分类汇总子系统包括物流运输数据分析、物流仓储数据分析、物流配送数据分析和其他相关数据分析四个模块。主要用于物流业务运作过程中的所产生数据进行分类和初步处理,通过全面梳理物流数据,使纷繁复杂的数据变得有序,为后续统计分析等打下坚实的基础。

2. 统计分析子系统

统计分析子系统包括数据计算、报表展示、业务评估三大模块。数据来源即是数据分类汇总子系统,经过汇集、过滤、整理后,通过数据计算、报表展示与业务评估,实现对业务的数字化与图形化分析,并为其他相关业务提供数据基础。

3. 预测分析子系统

预测分析子系统包括历史数据管理、预测模型管理、业务预测三大模块。主要用于历史数据管理、预测模型管理和预测分析。即根据用户相关业务的开展情况和运营数据、结合现代预测方法与技术,以为决策者提供较为可靠的预测分析结果为目的,设计并构建相应的预测分析模型,实现对核心业务、辅助业务与增值业务发展趋势的预测。

4. 运营分析子系统

运营分析子系统包括企业信息可视化决策支持、商务信息可视化决策支持、运输路线可视化决策支持、业务运行情况分析与展示。主要结合 GIS 等技术和电子地图实现用户的企业信息可视化,并将分析结果以图表的方式直观展现给用户。

5. 商务智能子系统

商务智能子系统包括数据挖掘、即时查询、多位分析、辅助决策四大模块。即通过数据挖掘、实时查询、多维分析以及辅助决策等技术和方法,将业务数据转化为具有商业价值的信息,提高用户对核心业务、辅助业务与增值业务分析的智能化程度。

第二节　商品供应链信息服务平台

一、大宗商品供应链信息服务平台概述

大宗商品是指进入商品流通领域,但不进入零售环节,具有商品属性且用于工农业生产与消费的基础性原材料。与其他商品相比,大宗商品具有交易量大、价格波动大、易于分级和标准化的特性。供应链是以客户需求为导向,以提高质量和效率为目标,以整合资源为手段,实现产品设计、采购、生产、销售、服务等全过程高效、协同的组织形态。大宗商品供应链是指围绕核心企业,通过对商流、信息流、物流、资金流的控制,从采购原材料开始,制成中间产品以及最终产品,通过物流公司把大宗商品运输给下游各商家,将供应商、制造商、分销商、零售商和最终用户连成一个整体的功能网链结构。

要建设综合化、信息化、协同化的大宗商品供应链信息服务平台,促进供应链协同化、服务化、智能化,提高流通现代化水平,积极稳妥发展供应链金融,实现供应链各节点企业之间的统一决策、科学决策,提高整个供应链的运营管理水平,推动我国供应链发展水平全面提升。

大宗商品供应链信息服务平台由信息支持、业务应用层及企业间协同互动三大模块构成,解决了供应链各节点间信息流动不及时、不全面、不准确等问题,同时有效保证了链条上

各节点间关系的平衡与协调。大宗商品供应链信息服务平台的建立有效地促进了数据信息的公开化、透明化,有助于从整体上对物流任务进行规划,确保物流服务高质量、高水平完成的同时,也协调了物流服务集成商与物流服务提供商之间的关系,可对物流业的发展起到极大的推动作用。

二、合作企业管理系统

(一)需求分析

1. 系统背景

基于大宗商品供应链信息服务平台建设对于客户管理的需求,针对供应链协同管理体系中涉及的节点企业,建立合作企业管理系统,实现对节点企业的分类管理,提高客户管理的效率。其中各物流企业为系统管理者,大宗商品供应链中相关节点企业为系统使用者,即合作企业。每个合作企业可扮演供应链中包括供应商、生产商、销售商和物流服务提供商在内的一个或一个以上角色,例如,煤炭生产企业对煤电企业、煤化工企业等来说是煤炭的供应商,而对原煤矿区来说是煤炭的生产商,所以煤炭生产企业既为供应商,又为生产商。

2. 系统意义

大宗商品供应链信息服务平台合作企业管理系统的构建,能够有效地整合供应链上各家合作企业,对它们进行分类管理,为政府部门对产业链的综合管控提供有力的支持。此外,还能够有效促进物流企业与供应链内部各节点企业之间的联结与合作,增强信息共享,保证合作和信任关系,并提供供应链全程服务。

合作企业管理系统是大宗商品供应链信息服务平台的基础,它不仅可以促进各合作企业、大宗商品物流服务商,以及下游市场客户信息化建设和智能化管理,对整体的大宗商品供应链信息服务平台而言,还能够为后续采购服务信息系统、库存服务信息系统、销售服务信息系统、供应链协同管理信息系统提供基础的信息支持。

3. 系统功能需求

合作企业管理系统需要对大宗商品供应链管理体系中的服务对象进行分类管理,包括供应商、生产商、销售商,以及物流服务提供商的基础信息管理。同时系统需要通过对客户在各个阶段的价值进行综合评估,针对不同价值的客户进行不同的管理活动,达到各物流企业供应链管理体系与客户之间实现信息、收益和风险共享的目的。

(二)业务流程及数据流程分析

1. 业务流程

合作企业管理系统需对各节点企业、大宗商品物流服务商以及下游市场客户及其相关业务等信息进行收集,同时结合客户反馈的信息进行客户分析及信用评价,并对各种基础信息进行统计分析。

大宗商品供应链中的合作企业主要包括供应商、生产商、销售商和物流服务提供商,四者之间相互存在业务联系。采购单证由下游发往上游,即由销售商向生产商发送采购请求,生产商向供应商发送采购请求;物流业务由上游发起至下游,即由供应商输送原材料至生产商,生产商输送产品至销售商,由物流服务提供商支持物流业务。

2. 数据流程

合作企业管理系统需建立系统数据库,将供应商、生产商、销售商和物流服务提供商的相关信息进行收集和录入,并通过加工处理形成最终数据。

合作企业管理系统数据流程以合作企业管理数据库为核心,从生产商管理、供应商管理、销售商管理、物流服务提供商管理四个子系统提取客户信息、产品信息、信用评价信息等基础数据,并以此为基础实现合作企业相关数据的统计分析。

(三)系统总体结构

根据各物流企业大宗商品供应链管理业务需求,结合供应商、生产商、销售商、物流服务提供商四类合作企业提供的服务需求,建立合作企业管理系统,对不同的合作企业进行管理,从而提高客户管理的效率。本系统包括基础信息管理、供应商管理、生产商管理、销售商管理、物流服务提供商管理和统计分析六个子系统。

合作企业管理系统结合系统用户以及供应链体系相关用户的使用需求和管理需求进行设计。基础信息管理子系统主要对系统用户和相关用户的信息进行收集和管理,为系统的正常运转提供基础信息支持。供应商管理子系统、生产商管理子系统、销售商管理子系统以及物流服务提供商管理子系统主要实现对客户信息的查询,并结合各类用户的需求设计相应的功能模块。统计分析子系统主要实现多角度的分析,并生成相应报表和统计图,从而为管理人员的决策提供数据支持。

三、采购服务信息系统

(一)需求分析

1. 系统背景

采购部门是物资的重要入口,与各个部门都有密切的联系。它主要负责物资的采购,与生产部门、财务部门和库存部门的业务联系是根据生产计划和物料需求计划制订采购计划,并完成一系列的采购作业。

基于大宗商品供应链信息服务平台建设对于采购管理的需求,针对供应链协同管理体系中涉及的用户,建立采购服务信息系统,综合运用传统物流信息化技术以及物联网、大数据、云计算等新兴信息技术,对采购物流和资金流的全部过程进行有效双向控制和跟踪,完善对物资供应信息管理,实现对采购业务全过程的有效控制和跟踪。

2. 系统意义

采购管理是大宗商品供应链管理的核心部分,也是整个管理体系的重要组成部分。采购管理作为大宗商品生产经营活动的初始环节,采购成本直接影响着生产经营过程和业绩。与传统的管理方式相比,采购服务信息系统的建立能够更快、更准确地完成采购订单的下达和执行,能够对货物的接收检验、货物入库进行汇总,通过对采购过程中各个环节的严密监视,达到优化采购流程、提高采购效率的目的。

大宗商品供应链采购服务信息系统的建立可以及时了解供应商和客户的有关信息，避免信息不对称造成的成本损失，保证供需双方信息的实时性和准确性，为提高采购效率，控制、降低产销成本提供有力支持。同时，供应链协同下的采购服务系统可以合理利用上游物质资源、流动资金、生产经营设施和场所，有利于解决资金紧张和设施不足等问题，可见科学合理地采购对于解决各类问题、提高经济效益具有举足轻重的作用。

3. 系统功能需求

采购作为生产经营活动的初始环节，对供、产、销各个环节有极大的影响。物流采购和组织货源是工商业业务活动的基础，它对保证生产经营活动的连续性具有决定性作用。采购服务信息系统需要配合库存服务和销售服务，对采购合同的签订、票据的管理、采购商品的检验入库、采购发货款的支付等采购过程进行有效管理和控制，以构建完善的采购服务信息系统。

(二)业务流程及数据流程分析

1. 业务流程

完整的采购流程应由采购需求计划，采购申请，选择供应商，适宜价格的决定，合同订单，订单跟踪，进货控制，检验货物与入库，划拨款项，退货处理，结案和档案维护等环节组成，涉及生产部门、库存部门、采购部门、审核部门、财务部门等多个业务部门。

(1)采购需求计划和采购申请

采购部门根据库存部门提供的库存单和生产部门提供的外购清单，制订采购需求计划。采购计划应交予审核部门审核，若审核通过采购部门则可制定采购申请，采购申请通过后形成申请订单，才能进行下一步的供应商选择。若审核未通过，则返还采购员并重新调整制订。

(2)选择供应商

选择和确认供应商时一般要考虑三个要素：价格、质量和交货期。基于供应商对企业的重要影响，建立和发展与供应商的关系是经营战略的重要部分，尤其在准时制生产方式下，对合作关系的稳定性和可靠性提出了更高的要求。

(3)适宜价格的决定

适宜的价格决定了可能的供应商之后即可进行价格谈判，通常来说，供应链协同环境下供应商供货价格比较稳定。

(4)合同订单

合同订单即办理订货签约手续。订单或合约均具有法律效力，对买卖双方的要求及权利义务，须予以列明。

(5)订单跟踪、进货控制

采购部门有责任督促供应商按时交货。采购员不仅要监督采购过程，确保按时交货，还要及时发现采购过程中出现的问题并采取措施。此外，采购部门还负责就任何关于送货要求的改变与供应商进行协商。

(6)检验货物与入库

到货后,采购员要督促有关人员验收、入库,以确保所收到货物的质量、数量与订购要求相符,必要时要确定货物的破损情况,之后,通知财务部门进行货款结算。

(7)划拨款项

财务部门对采购订单、收货单和发票进行核对并支付货款。供应商交货验收合格后,随即开具发票;要求付清货款时,对于发票的内容是否正确,应先经采购部门核对,财务部门才能办理付款手续。

2. 数据流程

在系统业务流程分析的基础上,根据大宗商品供应链各节点相关采购业务内容,从数据流动角度考察采购业务的数据处理模式,结合数据信息在各采购服务子系统间的流动情况,设计采购服务数据流程。

(1)根据库存部门发来的库存清单和生产部门提供的外购清单,制订采购计划,采购计划交予审核部门审核,审核通过的采购计划记入采购计划文件,未通过的采购计划退回。

(2)根据采购计划所需物料进行供应商选择,生成采购订单。首先根据物料信息中各供应商报价信息制订报价表,并参照供应商评价记录择优选择,然后根据供应商基本信息确认联系方式等,生成采购订单,将订单送至审核,审核通过则生成最终采购订单合同,同时采购订单文件存档,合同交供应商一份。

(3)供应商发货,收货人核对并修改采购订单文件和到货数量,出具报验单。

(4)财务部门根据合格单为供应商进行货款结算,同时核对供应商开具的发票。

(三)系统总体结构

根据大宗商品供应链的管理业务需求,结合供应商、生产商、物流服务提供商三类客户的服务需求,建立采购服务信息系统,共享需求供给信息,对采购流程相关业务进行管理,从而提高采购服务的效率,降低采购成本。本系统包括基础信息管理、供应商管理、采购计划管理、采购订单管理、采购收货管理和统计分析六个子系统。

采购服务信息系统结合系统用户以及供应链体系相关用户的使用和管理需求进行设计。基础信息管理子系统主要对系统用户和采购物料的信息进行管理,同时为系统的正常运转提供支持。供应商管理子系统根据业务需求对核心供应商和招投标供应商进行相应的管理。采购计划管理子系统、采购订单管理子系统、采购收货子系统主要实现对采购具体流程的管理,并结合各类用户的管理需求设计相应的功能模块。统计分析子系统主要实现对采购过程的多角度分析并生成相应报表和统计图,从而为管理人员制定决策提供数据支持。

四、库存服务信息系统

(一)需求分析

1. 系统背景

供应链上下游节点企业为了满足客户需求的变化,增强生产计划的柔性,克服原料交货时间的波动,必须存有一定安全库存量的原材料和产成品。但物流行业所服务的产业供应链中,部分企业原有库存管理简单粗放,缺少信息化、数据技术的支持,未对决策经营起到应有的作用。因此,在大宗商品供应链信息服务平台中增添库存服务信息系统,旨在为供应链上下游节点企业提供库存管理服务,从成本和服务响应速度两大方面设置合理化库存。

2. 系统意义

库存服务信息系统能整合供应链上所有企业的库存并对其进行统一管理,建立供应链库存管理信息平台,以此降低供应链上总体库存水平,实现供应链库存管理的最优化,并对链上各环节进行有效控制,保障物料从原材料到产品的流动过程的最优化,为库存控制及管理提供信息化的技术手段和高效率的管理平台。

供应链各节点企业利用库存服务信息系统可以统一管理库存业务,通过数据挖掘技术、信息互联,以及物联网技术实时采集供应链各节点企业的相关库存信息,并实时发布有关的决策信息,进而调整信息,降低供应链整体运营成本。

3. 系统功能需求

库存服务信息系统是运用现代的信息技术和计算机技术整合整个供应链库存管理的实际需求,对库存信息进行系统化采集、加工、传送、存储和交换,并根据用户需求提供相应的信息,从而达到整个供应链库存可视化、信息化管理,为供应链上相关用户的信息沟通提供宏观决策支持,并通过子系统之间的协同互补,达到库存管理的目标。

(二)业务流程与数据流程设计

1. 业务流程

库存服务主要包括存货管理、在库管理和订货管理等管理业务,涉及生产部门、采购部门、供应部门、财务部门等多个部门。

多级库存管理是存货管理的核心,供应链的多级库存是指某一节点企业库存现有的库存,加上转移到或正在转移给后续节点企业的库存。对于多级库存管理,主要通过信息共享的方式,根据整个供应链的库存成本最优化原则做出库存控制策略。在库管理主要是货位安排、货位堆码、保管维护以及盘点等业务。订货管理包括调拨移库、安全库存、动态响应、订货提醒四个主要业务。其中,移库和调拨主要为了满足市场需要,在不同仓库之间调配货物。另外,安全库存的设置可以保证库存维持在一个合理区间,避免储存过多造成仓储成本的增加,在货物到达安全库存时,仓储部门通过信息平台向采购部分发出补货需求,及时补货。

2. 数据流程

根据供应链各节点企业相关库存业务内容,从数据流动角度来考察实际库存业务的数据处理模式,结合数据信息在库存服务各子系统间的流动情况,设计库存服务数据流程。

数据从各计划部门向仓库部门流动,仓库部门根据所传递的数据信息对库存物资进行合理安排并定期对库存进行基础数据的维护。同时,要根据业务部门的需要对库存进行处理,及时更新物品仓库和物品货位在系统平台中的信息。此外,供应链各节点企业分权限查询库存信息,达到订货点时,仓库部门通过平台向采购部门和生产部门发出补货通知,进行补货。

（三）系统总体结构设计

库存服务信息系统的子系统包括基础信息管理子系统、库存管理子系统、订货管理子系统、信息发布子系统和决策支持子系统。

库存服务信息系统是运用现代化的信息技术、物联网技术和大数据挖掘技术，整合整个供应链节点企业的仓储需求和库存管理需求，实现整个供应链上库存信息的高效传递与共享。同时，为了实现供应链库存管理一体化，使库存信息在供应链上各用户之间自由流通共享，库存服务信息系统将整个供应链上所有企业的库存进行整合管理，使从原材料到用户手中的商品所经过的流程最短、费用最优，提高供应链的整体效益。最终发挥库存管理在减少生产准备次数、克服原料交货时间的波动、增强生产计划柔性方面的作用。

五、销售服务信息系统

（一）需求分析

1. 系统背景

企业经营活动的中心是产品销售，通过销售获取利润是企业的生产经营目标，因此销售服务是企业实现经营效益最大化的决定性因素。但在物流企业所服务的供应链中，部分节点企业缺少系统分析的能力以及必要的基础数据支持，导致了在销售信息管理方面的不足。基于供应链上各节点企业对销售服务信息的需求，利用数据挖掘等现代化方法，在大宗商品供应链信息服务平台中构建销售服务信息系统，各物流企业可通过销售服务信息系统对各种销售信息进行分析处理，为各企业决策提供更科学、更全面的依据。利用整体业务运行中的信息集成和数据共享，实现企业价值链的创新和优化。

2. 系统意义

销售服务信息系统涵盖了供应链上下游的供应商、经销商等业务往来合作方的多方信息，集成并优化了业务流程中业务、财务、人力资源等多个部门的信息同时，销售服务信息系统从整个大宗商品供应链信息服务平台建设角度出发，实现销售信息在供应链上各用户之间的共享，并通过数据挖掘技术使平台上各用户实时掌握和跟踪其产品的动态信息，形成快速响应机制，实现提高整个供应链销售管理水平的最终目标。

3. 系统功能需求

为提高供应链各节点企业的销售水平，通过大数据技术、信息传输与处理技术，实现各节点企业销售部门对供应链产品需求信息和交易信息的实时掌握与跟踪。通过对销售数据的统计和分析，为销售提供可靠的信息支持，并通过子系统之间的协同互补，达到优化销售服务的目标。

（二）业务流程与数据流程设计

1. 业务流程

物流行业所服务的供应链主要业务包括与销售工作有关的客户管理、订单管理和售后管理，涵盖了供应商、经销商、物流商等业务往来合作方。销售服务信息系统集成并优化了整个供应链中多个部门信息流、资金流、物流等相关业务流程模块。

统计分析人员通过多种数据分析手段对潜在客户的需求进行分析,得出需求分析报告,各供应链节点企业销售人员可以查询相应结果。待客户询价或者主动报价后,结合销售计划和市场供需行情确定合理价格,并进行商务谈判过程,在达成一致后,签订合同,进行审批,系统自动录入合同台账。同时,按照合同规定的发运条款同中标物流商制订发运计划,保证准时发运。客户确认收货后,进行售后跟踪,如有退换货则及时处理,若产品验收合格,则根据财务账期进行收付款操作。

2. 数据流程

根据供应链各用户的相关销售业务内容,从数据流动角度来考察实际销售业务数据处理模式,结合数据信息在销售服务各子系统间的流动情况,设计销售服务信息系统数据流程。

销售服务信息系统数据流程主要围绕用户管理、订单管理、商品管理和售后管理展开,销售服务信息系统管理人员对各供应链节点用户销售部门进行权限管理。

(三)系统总体结构设计

大宗商品供应链信息服务平台销售服务信息系统包括基础信息管理子系统、客户管理子系统、订单管理子系统、售后管理子系统、决策支持子系统等五个子系统。

销售服务信息系统采用系统集成技术将各子系统协同运作,基础信息管理子系统通过用户信息管理、权限及密码设置和产品编码分类管理对交易基础信息进行有效规范。客户管理子系统通过对客户需求的分析,敏锐捕捉客户的核心需求,提高企业的经济效益。订单管理子系统把销售计划和销售合同关联起来,通过计划指导销售合同的完成,并规范对合同签订和执行环节的监管。售后管理子系统通过售后跟踪、退换货等模块,提升用户的满意度。决策支持子系统则通过数据挖掘技术和云计算技术,对销售数据进行分析,为决策提供依据。

六、供应链金融服务系统

(一)需求分析

1. 系统背景

基于部分物流行业服务的供应链用户融资成本高、融资难等现状,建立供应链金融服务系统,为供应链各用户提供相关金融服务,为解决金融难题提供有力支持。

供应链金融服务系统按照既定的规则从不同的子系统提取信息,在平台内部对共用供应链金融数据进行挖掘、处理和整合,保证物流、商流、资金流、信息流的有效融合。为提高运转效率,将融资管理、金融质押监管、风险管理等功能集为一体。把信息技术、计算机处理技术、网络技术、数据通信技术等先进技术应用于供应链物流行业所服务的各生产销售企业和金融机构,以提供及时、高效的金融服务。

2. 系统意义

供应链金融服务系统的意义在于提升整个供应链的核心竞争力,促进金融与实业经济的有效互动,将供应、生产、销售的融资需求结合在一起,创造性地打通和重建核心用户与上下游用户之间的连接。

供应链金融服务系统可以为物流行业所服务的不同使用者提供不同层次的信息和辅助决策,满足不同的平台用户对供应链金融信息的需求,实现供应链金融信息的采集、处理、组织、存储、发布和共享,以实现整合供应链金融信息资源、降低整体成本和提高整体效率的目标。

3. 系统功能需求

供应链金融服务系统在功能上应能帮助用户实现融资信贷,指导规范化业务流程,加强与金融机构的协同关系,推动协同深化,提升风险管理能力,提高服务水平,增加客户满意度,形成竞争优势。同时,还要确保供应链上各用户融资风险可控,金融业务协同发展,解决融资难的问题,提高物流行业盈利能力,通过子系统之间的协同互补,达到优化供应链金融服务的目标。

（二）业务流程与数据流程设计

1. 业务流程

为提高供应链的运营效率和资产利用率,结合物流行业所服务的用户的运营管理周期特点,针对运营过程中的资金缺口特点和借款人在不同贸易环节中融资需求风险点的差异,将供应链金融分为三类:应收账款融资、动产质押融资和应付账款融资。

(1)采购阶段的供应链金融——代收货款服务融资模式

代收货款服务融资模式是指物流企业在采购阶段替采购商承运货物时先预付一定比例的货款给供应商,并且按约定取得货物的运输代理权,同时,代理供应商收取货款,采购商在提货时一次性将货款付给物流企业的服务模式。

物流企业依照供应商和采购商签订的购销合同,取得货物承运权,物流企业替采购商先预付一定比例货款,获得质物所有权。采购商支付全额货款并取得货物,物流企业在一定的期限后将剩余货款扣除服务费后支付给供应商。在代收货款服务融资模式下,物流企业除获得货物运输等传统的物流环节收益外,还因延迟支付获得了一笔无息资金,可利用这笔资金获取额外的资本收益。

(2)库存阶段的供应链金融动产质押融资模式

动产质押融资模式是指融资企业以其库存为质押,并以该库存及其产生的收入作为第一还款来源的融资业务。在这种融资模式下,金融机构会与融资企业签订担保合同或质物回购协议。

融资企业在申请动产质押融资时,需要将合法拥有的货物交付给银行认定的仓储监管方,只转移货权不转移所有权。在发货以后,银行根据物品的具体情况按一定比例为其融资。当提货人向银行支付货款后,银行向物流企业发出放货指示,将货权交给提货人。如果提货人不能在规定的期间内向银行偿还货款,银行可以在国内、国际市场上拍卖手中的货物。

(3)销售阶段的供应链金融——替代销售服务融资模式

替代销售服务融资模式是指物流企业代替供应商向采购商销售并获得货物的所有权,物流企业将货物运输到指定仓库,采购商向物流企业交纳一定保证金后获取相应数量的货物,直至全部货物释放结清货款的服务模式。

物流企业按约定代替供应商向采购商销售货物,同供应商签订采购合同,同采购商签订销售合同,并获得货物所有权。物流企业向供应商支付货款,一般以商业承兑汇票形式支付,采购商向物流企业交纳一定保证金,物流企业释放相应数量的货物并与采购商结清货款。替代销售服务融资模式使物流企业获得货物运输、仓储和流通加工等业务收入,同时,还可通过货物差价等形式获得资本收益,通过替代销售可以加强供应链企业间的合作稳定客户来源。

2. 数据流程

根据供应链各节点用户相关金融业务内容,从数据流动角度来考察实际供应链金融业务数据处理模式,结合数据信息在供应链金融服务各子系统间的流动情况,设计供应链金融服务系统数据流程。

(三)系统总体结构设计

基于对供应链金融服务业务流程的分析,结合物流行业所服务的供应链用户的金融业务现状,设计了供应链金融服务系统,包括基础信息管理子系统、车辆杠杆租赁子系统、产品子系统、供应链全程融资子系统、风险控制子系统、决策支持子系统共六个子系统。

供应链金融服务系统以物流为核心,主要依托供应链上库存、应收账款、预付账款等丰富的担保资源进行物流、资金流和信息流的整合运作;解决供应链各节点用户融资难问题,具有广阔的发展空间。供应链金融服务系统是一个跨行业的业务信息平台,这一平台涵盖业务营销、物流全程监控、调度与优化、数据收集处理、风险识别、评估与控制及结算支持等功能。通过这些功能和配套的运行机制,最终成为一个基于银行、客户、物流企业三方的管理信息平台,实现对供应链金融业务战略发展的支持,实现业务运作流程的规范管理和优化,简化财务结算流程,降低融资成本,提升供应链核心竞争力。

七、供应链协同管理信息系统

(一)需求分析

1. 系统背景

供应链系统业务协同程度越高,所能实现的功能和效应就越大。而在一般供应链系统中,各核心企业分散在各地和各环节,各自优势、增值价值和发展目标难以协调统一。供应链协同管理信息系统的建立可对各节点用户间业务协作进行管理,通过明确系统中各角色身份,统一制定共同的标准和策略,确定协同管理模式和具体内容,来达到核心用户业务间的信息协同管理的目的。

物流企业负责多条供应链上的业务协作管理工作,构建供应链协同管理信息系统能够将分散在各地的、处于资源提供、研究开发、生产加工、物流服务和市场营销等不同增值环节的、具有特定优势的独立企业联合起来进行企业间的业务协作管理,使得物流企业在大宗货物供应链系统中得以最大化利用各节点企业优势。

2. 系统意义

供应链协同管理信息系统的构建有利于提高整个供应链系统的协同程度,各核心用户通过先进的信息技术和管理方法集成资源,以达到各节点协同、同步运作,使得供应链上分散的独立企业联合起来,综合其优势,达到共赢、最优绩效的目标。

各物流企业应以协同机制为前提,以协同技术为支撑,以信息共享为基础,从系统的全局观出发,促进供应链内部和外部协调发展,在提高供应链整体竞争力的同时,实现效益最大化目标,开创多赢的局面。

3. 系统功能

供应链协同管理信息系统的功能目标就是通过协同化的管理使供应链各节点用户减少冲突和内耗,更好地进行分工与合作。要实现供应链的协同运作,供应供应链协同管理信息系统通过提高供应链上各节点用户的快速响应能力,进而提高整个供应链的竞争力。

(二)业务流程及数据流程设计

1. 业务流程

供应链协同管理信息系统本质上是一个咨询决策机构,为多条产业链上各参与方提供最优的供应链解决方案,提出共同的战略策略。供应链协同管理信息系统的业务内容主要是整合各方信息,进行协调规划,使产业链上各节点用户实现信息共享和多方面协同,包括用户协同、需求管理、业务管理、接口管理、数据共享。

大宗商品供应链上各用户通过所有用户协同管理,确定统一价值目标,制定出共同的联盟战略。供应商、生产商、销售商、物流商共同进行需求预测,确定出协同的需求、生产、采购、库存、销售、物流运输计划。在此基础上,通过接口匹配及安全管理,获得数据并进行智能处理,使得供应链上各用户共享库存信息和外界市场的反馈信息。企业内外部用户利用平台交流与应用功能模块参与企业业务过程,极大地简化网络中信息和流程的全面集成。

2. 数据流程

通过对物流行业大宗商品供应链的协同管理业务进行分析和整理,结合数据信息在供应链协同管理各子系统间的流动情况,其数据流程将针对供应链上划分好角色的供应商、生产商、销售商、物流商和客户之间的协同工作进行分析。

大宗商品供应链上各用户之间主要针对制定战略联盟、需求分析、生产计划、仓库发货、运输计划、购买商品等业务行为进行协同管理,以此为基础进行数据的流通。

(三)系统总体结构设计

根据物流行业供应链协同管理业务需求,利用大数据技术、物联网技术、云计算技术进行数据分析,建立供应链协同管理信息系统。本系统包括基础信息管理子系统、需求管理子系统、业务管理子系统、接口管理子系统和数据共享子系统五部分。

供应链协同管理信息系统综合供应链体系的数据需求和使用情况进行设计,基础信息管理子系统完成基础数据的设置,协同必要战略联盟策略;需求管理子系统实现需求管理信息化、标准化、一体化的目标;业务管理子系统实现产品生产、采购、存储、销售与服务一系列业务的协同运作;接口管理子系统通过系统内接口互联,实现信息共享和传输数据的安全及保密;数据共享子系统加强各供应链节点用户之间的协同管理、数据信息共享,提高整个供应链的灵活性。

八、大数据应用服务系统

(一)需求分析

1. 系统背景

作为物流行业的核心网链,供应链的日益复杂将彻底变革企业的市场边界、业务组合、商业模式和运作模式,供应链系统的管理公司及供应链上各用户必须采用更好的工具来迅速、高效地发挥数据的最大价值。

针对各用户的业务运营过程,在大宗商品供应链协同管理的进程中存在大量数据信息需要汇总、分析和处理,因此公司对隐藏在数据背后的潜在规律的挖掘显得非常必要,这对公司的决策水平和运作效率的提高具有举足轻重的作用。

2. 系统意义

大数据应用服务系统的建立,可以有效提升用户企业的基础设施、业务运营、管理决策水平和配套资源的建设、应用水平,推动提高资源利用率、管理水平和运营效率,实现优化服务、提升生产力水平、增强竞争力的最终目标。

大数据应用服务系统的建立,结合了各物流行业的业务现状,针对平台应用需要,在大数据背景下,利用了物联网、云计算等先进技术,通过数据采集、数据处理、数据分析与挖掘等功能,对海量的数据进行采集、存储和分析,进而得到有用的信息,为大宗商品供应链上各用户的经营管理人员提供智能化的决策支持。

3. 系统功能

利用大数据应用服务系统,以物联网、云计算等先进技术为支撑,结合一般供应链系统中的管理业务内容,可以实现供应链全过程可自动感知识别、可跟踪溯源、可实时应对、可智能优化决策以及技术、应用和管理方法的高度融合,进而实现物流活动的科学、动态管理。

结合大宗商品供应链服务业务的具体内容,针对各产业链具体情况,利用物联网、云计算等先进技术,建立的大宗货物供应链大数据应用服务系统需要包括以下功能模块:基础数据管理子系统、预测分析子系统、统计分析子系统、运营分析子系统、商务智能子系统五个子功能。大数据应用服务系统与其他业务系统对接,实现业务数据衔接与共享。

(二)业务流程及数据流程分析

1. 业务流程

大宗商品供应链大数据应用服务系统实际上就是从数据库中对产业链相关业务数据进行提取与转换,并结合现代管理理论与优化技术,通过对数据进行统计与分析,实现对业务报表的展示、业务现状的分析、业务运营质量的评估,以及业务发展趋势的预测,从而为管理人员提供决策支持。

大数据应用服务系统通过对产业链上基础数据的提取和转换,生成预测模型并进行历史数据的管理,对采集到的数据进行统计与分析,利用数据挖掘等技术,开展多维分析、随机查询、展示与业务评估等业务,为企业信息可视化、商务信息可视化、运输路线可视化等提供决策支持。

2. 数据流程

根据对大数据应用服务系统业务流程的分析,结合数据在各产业链中的分类,通过建立大数据应用服务系统,将各系统提供的信息进行汇集、提取、整合、共享,并通过加工处理形成最终数据。

根据各物流企业的供应链管理业务需求,按照供应链中各用户的角色划分,从供应商、生产商、销售商、物流商和客户几方面明确数据来源,通过数据仓库的初步分析和预处理,从仓库监管、综合服务、协调控制和决策支持四大主要业务方面确定大数据应用服务系统的数据流程。

(三)系统总体结构设计

根据公司的供应链管理业务需求,结合数据挖掘与物联网、云计算等技术,提取、汇集、整合、共享各业务系统的数据,设计大数据应用服务系统,系统包括基础数据管理子系统、预测分析子系统、统计分析子系统、运营分析子系统和商务智能子系统。

大数据应用服务系统所获取的数据来源于合作企业管理系统、采购服务信息系统、库存服务信息系统、销售服务信息系统、供应链金融服务系统和供应链协同管理信息系统。基础数据管理子系统负责获取产业链中各企业的数据并进行处理;预测分析子系统通过对历史数据和预测模型的管理开展业务预测工作;统计分析子系统通过数据计算、报表展示和业务评估开展对整个供应链的统计分析工作;运营分析子系统主要为产业链中各企业提供相关的可视化决策支持;商务智能子系统主要利用先进技术进行数据挖掘、随即查询、多维分析和辅助决策。

第三节　商品电子交易平台

一、大宗商品品类管理系统

(一)需求分析

品类管理是大宗商品电子交易平台把经营的商品分成不同类别,并把每类商品作为平台经营战略的"基本活动单位",进行管理的一系列相关的活动。品类管理对于平台而言能够提升其运营效率和效果,对于平台用户来说,能够使其更加方便、快捷地选取所需大宗商品,并且能够保证其选取商品的质量。同时,通过商品品类管理,有利于加强物流企业与上游供应企业的联系。

从实施的角度来讲,品类管理就是通过对大量数据的分析,将相互之间有关联的商品划归一类进行管理,然后统一制定品类策略及品类战术。品类管理中所指的商品之间的关联性,不是根据商品的固有属性进行划分,而是根据消费者的购买行为,特别是在采购过程中经常同时采购哪些商品。

(二)系统总体结构

大宗商品品类管理系统主要包括基础信息收集、品类定义与认定、品类目录体系构建、品类管理、统计分析五个子系统。

1.基础信息收集

收集、整理、汇总各类大宗商品品类信息,为品类目录构建提供数据,包括品类信息收集、品类资料汇总和信息查询。

2.品类定义与认定

品类定义包括两个部分即品类描述和品类的结构。所谓品类描述,就是指品类的划分标准,根据划分标准将大宗商品的种类进行分类,一般来说,分为能源化工类、矿石金属类和农副产品类三种。而品类结构是指不同品种类型之间的比例关系,特别是根据消费者所购品种类型之间的比例,来确定消费者购买不同品类之间的关联性。通过分类指标的标准,对商品品类进行定位及分类,并且完成后续品类角色确定、品类策略实施等工作。

3.品类目录体系构建

商品品类目录是指在商品分类和编码的基础上,用表格、文字、数字和字母等全面记录和反映商品分类体系的文件形式。

商品品类目录是企业根据企业的销售目标,把应该经营的商品品种,用一定的书面形式,并经过一定的程序固定下来,成为企业制订商品购销计划及组织购销活动的主要依据。

商品品类目录除了显示企业商品经营范围外,还能体现出企业的商品层次、主营品类和销售利润来源,通过对大宗商品各类描述参数进行系统收集、整理、分类,形成完善的大宗商品品类目录,便于大宗商品系统化的品类管理。另外,可以根据产品的交易特点将产品分为最新产品、畅销产品或特价产品,方便网络营销,吸引客户的注意力。

4.品类管理

按照商品品类来组织商品核算和商品管理是现代商品经营的需要,品类核算是对传统商品核算制度的创新,品类管理则是在品类核算基础上旨在满足消费需求目标、连接供应商管理的新型商品管理方法。品类管理是运用现代信息技术,以消费需求为导向,以提升顾客的满意度为目标的商品管理技术。

5.统计分析

统计和分析客户需求、关键商品销售情况、品类市场评价等指标,为品类管理提供改进依据。

二、大宗商品电子商务系统

(一)需求分析

交易是平台最核心的业务,因此大宗商品电子商务系统是平台最为核心的系统之一。在以订单流为主线的全程供应链中处于订单生成环节的一个分支流程。其主要功能是实现一个在线的电子交易平台,提供买方、卖方用户可以在线进行商品交易的全过程处理操作。针对上游销售企业和下游需求企业的交易需求,对从合同生成到交易结算,直至交易完成这一整个交易环节进行管控,能够为客户提供交易风险监控服务,同时让客户有机会对交易结果进行及时反馈,为客户提供一个便捷的电子交易平台。

(二)系统总体结构

基于对大宗商品电子交易业务流程的分析,综合各类大宗商品交易企业具体情况,设计了大宗商品电子交易平台大宗商品电子商务系统,其子系统包括商品展示、电子交易、合同管理、订单管理、结算管理、交易撮合、交易信息管理、用户管理、客户服务、统计分析十个子系统。

1. 商品展示

大宗商品电子商务系统在主要页面搭建良好的商品展示平台,使用户更方便、快捷地了解到商品的性能及特点,起到广告宣传作用。交易信息展示功能包括销售信息和采购信息展示。其中,销售信息展示功能是为了实现采购商浏览产品销售信息后进行采购,采购信息展示功能是为了实现销售商浏览采购需求信息后进行销售。在数据库中需要及时添加新产品,并修改、删除旧产品信息,同时更新网页的发布情况,保证产品信息的动态更新。建立商品信息数据库,并将商品分类,提供商品搜索功能,方便买家查找所需商品。

2. 电子交易

大宗商品电子交易包括在线交易、交易管理、交易数据查询三个功能模块,为买卖双方提供一个良好的在线交易场所。

大宗商品在线交易也称网上现货交易或现货仓位交易,是采用计算机网络组织的同货异地、同步集中竞价、统一撮合、统一结算、价格行情实时显示的交易方式。大宗商品在线交易根据我国现货市场具体情况采用独特的B2B商业模式,是一种网上和网下相结合,现实和虚拟相结合,传统经济与新经济相结合的双赢模式,充分解决了信息来源、客户源、在线结算、物流等电子商务的瓶颈问题。

大宗商品电子交易管理贯通整个电子交易的过程,依据相关的交易管理制度和条例,对电子交易的整个流程进行把控和管理。

在大宗商品电子交易中涉及大量商品价格指数、交易量、交易区域等交易数据。其中价格指数是大宗商品市场中最重要的指标,其权威性取决于数据采集的全面性。在平台设置交易数据查询模块有助于用户快速了解交易市场行情,做出更好的决策。

3. 合同管理

买卖双方利用大宗商品电子商务系统对所有交易细节进行网上谈判,将双方磋商的结果以电子文件的形式鉴定贸易合同,包括合同数据管理、合同状态管理、报表管理以及合同查询。

4. 订单管理

订单管理包括订单数据管理、订单操作、报表管理和订单查询。买家可以通过购物车查看拟购买的商品,对商品进行添加、删除、修改等操作,确认订单后,可对订单进行基本操作,包括查询、浏览、修改、删除,并生成相关操作的日志,以便查询;在订单管理员设定的状态下,系统可以实时跟踪订单的状态,将订单的进度反馈给客户,以提高客户的满意度;客户可以提交退货申请,系统应该为客户提供退货服务和退货进度查询。根据订单情况对产品的销售情况进行汇总统计,分析产品销售规律,为企业决策提供依据。

5. 结算管理

通过结算审批、对账、付款、方式管理、复核等一系列过程,确保交易结算安全、快速进行,同时也具备结算支付方式管理功能。客户在完成线上交易后,交易中心的电子交易业务还会为客户提供交易后的结算服务。结算服务会为客户提供详细的账单,客户可通过账单了解各个项目的具体费用及最后的总金额。

6. 交易撮合

交易撮合是在多个买方和多个卖方之间开展的一种交易方式。买方将自己的购买需求、卖方将其可提供的产品或服务及其报价同时在系统公布,其后由该系统的自动撮合程序按照一定的交易规则或者买卖双方的意愿进行匹配,匹配成功后形成交易的成交结果,并将结果通知买卖双方。

7. 交易信息管理

商品交易管理就是利用计算机对商品交易的信息进行管理,包括对商品信息的管理,交易信息的管理,采购信息的管理,供货商信息的管理,以便对商品进行统筹管理。对交易的基本信息进行管理及维护,能够实现商品交易的各种信息的添加、修改或删除,也能通过查询某条信息对此商品交易的基本信息进行查找,具备交易信息收集、发布以及查询功能。

8. 用户管理

用户为系统所有的使用者,包括商家、客户、系统管理员等。为保证安全,客户购买商品、提交订单必须先登录系统,首次购买商品需先注册,填写会员相关资料。商家也需要进行注册,填写其基本信息,系统会对用户基础信息进行管理,对不同用户的权限进行设定。

9. 客户服务

客户服务子系统主要针对物流港外部客户,目的在于为客户提供更优质便捷的服务,客户可通过此平台获得在线帮助、售后服务,可对商家提出意见,如有不满,也可进行投诉。

10. 统计分析

对平台各品类商品交易量、交易利润、有效合同率及有效订单率等数据进行统计分析。

在大量数据分析中掌握客户的消费倾向和消费习惯,进一步分析交易的时间、地区、商品价格等因素对交易的影响,能更好地为客户提供个性化的服务。

三、会员服务管理系统

(一)需求分析

会员管理是一种通过提供差别化服务和精准营销,获取忠诚客户、长期持续增加企业利润的商业模式,会员管理会提供对客户账户的管理、余额管理、积分管理、会员储值、会员关怀、数据分析等具体功能。

(二)系统总体结构

会员服务管理系统基于对平台会员用户的管理,力争为会员用户提供有别于普通用户的优质性差异化服务,实现平台与会员用户双赢的有利局面。该系统由会员信息管理、会员业务服务、会员信息服务、系统配置管理、统计分析五个子系统构成。

1. 会员信息管理

对平台会员进行信息收集统计,成为平台会员要经过平台信息注册,对平台会员权限进行管理,提供信息修改等功能。

2. 会员业务服务

会员业务服务包括经营业务管理、会员消费管理、积分消费、报表管理、意见反馈等模块。

经营业务管理主要包括会员发展、引导会员进入系统等相关业务。会员消费管理主要面向会员在不同区域、不同网络环境、不同供应商的消费情况管理,实现数据广泛共享,实现会员数据信息传输和协同工作,提高整体的工作效率和反应能力,充分发挥管理信息系统的作用,融管理于系统中,解决信息共享和充分利用的问题,为平台管理提供原始的数据支持和决策分析。

积分管理是指会员持着具有积分功能的卡消费刷卡时,系统根据商品的积分规则,计算顾客所购商品应记的相应积分,写入会员卡的积分账户。随着会员卡积分的不断积累,会员持卡消费时可享受一定的优惠折扣。当积分账户的积分达到一定积累,平台还将给予顾客相应档次的积分回报,回报的形式主要有:实物礼品发放、积分转换为消费金额(优惠券)或其他。

报表管理是以报表的形式对会员信息进行整理,比如会员的基本信息、消费情况、积分情况等。

意见反馈应采用数据库管理与邮件提示相结合的方式,以做到及时有效地对反馈信息进行处理。

3. 会员信息服务

为会员提供所需大宗商品供求信息、运输信息、价格行情咨询、产品管理等功能,保持会员与平台之间的信息对称,添加会员积分管理、会员推广、好友管理等模块。

4. 系统配置管理与统计分析

系统配置管理是指能够使系统正常运行的数据管理,主要包括数据备份与恢复、会员参数配置、会员后台管理以及数据库安全管理等。统计分析是运用统计资料和统计方法、数字与文字相结合,对会员数据进行分析。主要包括会员数量、会员需求、会员变动记录与消费记录等的统计分析。

四、行情资讯系统

(一)需求分析

基于现有市场各类商品交易情况数据,多角度地实时展示市场和交易信息,同时自动建立信息之间的内在联系,帮助平台用户及时捕捉交易机会,同时也为用户提供专家意见和在线行情咨询等服务。

(二)系统总体结构

基于各类客户对行情信息的需求,为大宗商品电子交易平台设计行情资讯系统,其包括行情中心子系统、行情信息发布子系统、行情分析子系统、行情咨询子系统、统计分析子系统五个子系统。

1. 行情中心

行情中心集中反映行业资讯,通过行情综合展示、商品行情面板、分时成交显示等功能,全方面地为平台用户展示商品交易行情和行业前沿新闻。

2. 行情信息发布

平台对交易、供需、价格等信息予以及时发布。所发布的信息包含产品的各类属性,如产品种类、产品产地、产品价格、产品公司、产品库存、备注等。通过交易信息的展示,能让客户对产品情况一目了然,便于找到匹配自身需求的产品。

3. 行情分析

对行情数据进行收集、整理、分析等处理,得出可视化行情走势分析结论,并且对行情价格、交易量等关键交易数据进行预测。一般来说,交易量分布主要以交易曲线、交易地图等形式呈现,产品的价格指数主要以动态表格、趋势图等形式呈现,为客户提供各产品的实时价格和变化趋势,方便客户进行产品采购。

4. 行情咨询

用户可通过移动端消息服务、直拨服务、会议服务等方式,与平台工作人员进行沟通交流、在线咨询等。利用大数据分析支撑以及整合企业内部专家资源,为客户提供专家对接,包括物流业务咨询、物流方案设计、提供需求分析和预测报告书等。

5. 统计分析

统计分析包括客户需求统计、交易价格统计、交易量统计等,统计收集得出的数据可用于行情分析评估，有利于平台的管理与运营，也能在一定程度上为用户提供大宗商品交易市场行情信息，帮助用户做出更好的决策。

五、贸易金融系统

（一）需求分析

大宗商品贸易金融系统围绕着贸易融资、商业保理、贷款管理、信用担保等平台主营金融产品的开展，构建贸易金融系统，为平台用户提供金融、资金上的有力支持，实现对资金、金融业务、财务等的数字化管理；同时能够提高融资、保理、贷款等业务的质量，达到多方共赢的目标。

交易平台的贸易金融系统不仅有助于交易平台及金融机构有效监控物流、资金流，控制风险，在交易平台上的现货企业还可以通过在平台上的日常贸易提升自己的信用度，从而有机会获得更多的融资机会，降低融资难度。

（二）系统总体结构

贸易金融系统是根据物流企业的金融业务需求，针对相应的物流金融业务，结合金融机构实时监管的需求，为了提高资金、贸易业务、金融业务运作效率而设计开发的信息系统。主要是通过对金融信息以及各个金融业务的系统化管理，提高金融业务服务质量，实现多方共赢。贸易金融系统主要由基础金融信息管理、贸易融资、商业保理、贷款管理、信用担保、财务管理、统计分析七个子系统构成。

六、企业信用及风险管理系统

（一）需求分析

企业信用风险是指在以信用关系为纽带的交易过程中，交易一方不能履行给付承诺而给另一方造成损失的可能性，其最主要的表现是企业的客户到期不付货款或者到期没有能力付款。信用风险管理是指通过制定信用政策，指导和协调各机构业务活动，对客户资信调查、付款方式的选择、信用限额的确定、款项回收等环节实行全面监督和控制，以保障应收款项的安全及时回收。

作为平台开发和运营管理方，有必要对参与平台活动的企业用户进行企业征信和企业信用评定工作，形成与市场征信体系相统一的征信管理系统，形成统一标准的规范制度和监管依据，作为保护所有平台企业用户的合法权益保障。

（二）系统总体结构

企业信用及风险管理系统主要由企业基础信息管理、标准化征信体系管理、企业征信管理、信用评级管理、风险管理五个子系统构成。

1. 企业基础信息管理

对平台企业用户进行企业基本信息管理，作为企业征信及信用评级的基础数据资料，包括用户征信相关的基本信息录入、基础数据管理、信息维护和信息查询。

2. 标准化征信体系管理

标准化征信体系管理主要针对参与大宗商品交易的相关企业特征,结合其他相关企业征信的核心指标,确定本系统的征信体系管理的核心要素及主要指标。主要包括征信要素、征信标准、指标权重确定、征信方法以及征信复核等模块。

3. 企业征信管理

作为平台运营、管理方,对平台企业用户实施征信管理,通过对企业报送信息数据的审查和评估,由物流企业做征信企业公示及牌照的发放工作。力求企业在实现销售最大化的同时,将信用风险降至最低,最大限度地提高企业和用户的效益和价值。

4. 信用评级管理

对企业评级申请、等级评定、等级发布及公示、追踪评级这一信用等级评定流程的管理,客观、系统地进行企业信用评级工作,以便其他平台用户进行参考。我国企业信用评级的主要内容包括企业素质、资金信用、经营管理、经济效益和发展前景五个方面。

5. 风险管理

企业风险管理是企业在实现未来战略目标的过程中,试图将各类不确定因素产生的结果控制在预期可接受范围内的方法和过程,以确保和促进组织的整体利益实现。通过风险识别、风险预警、风险管控这一流程对可能出现的各类风险进行提前的感知预警,以减小风险可能带来的损失。

第三章

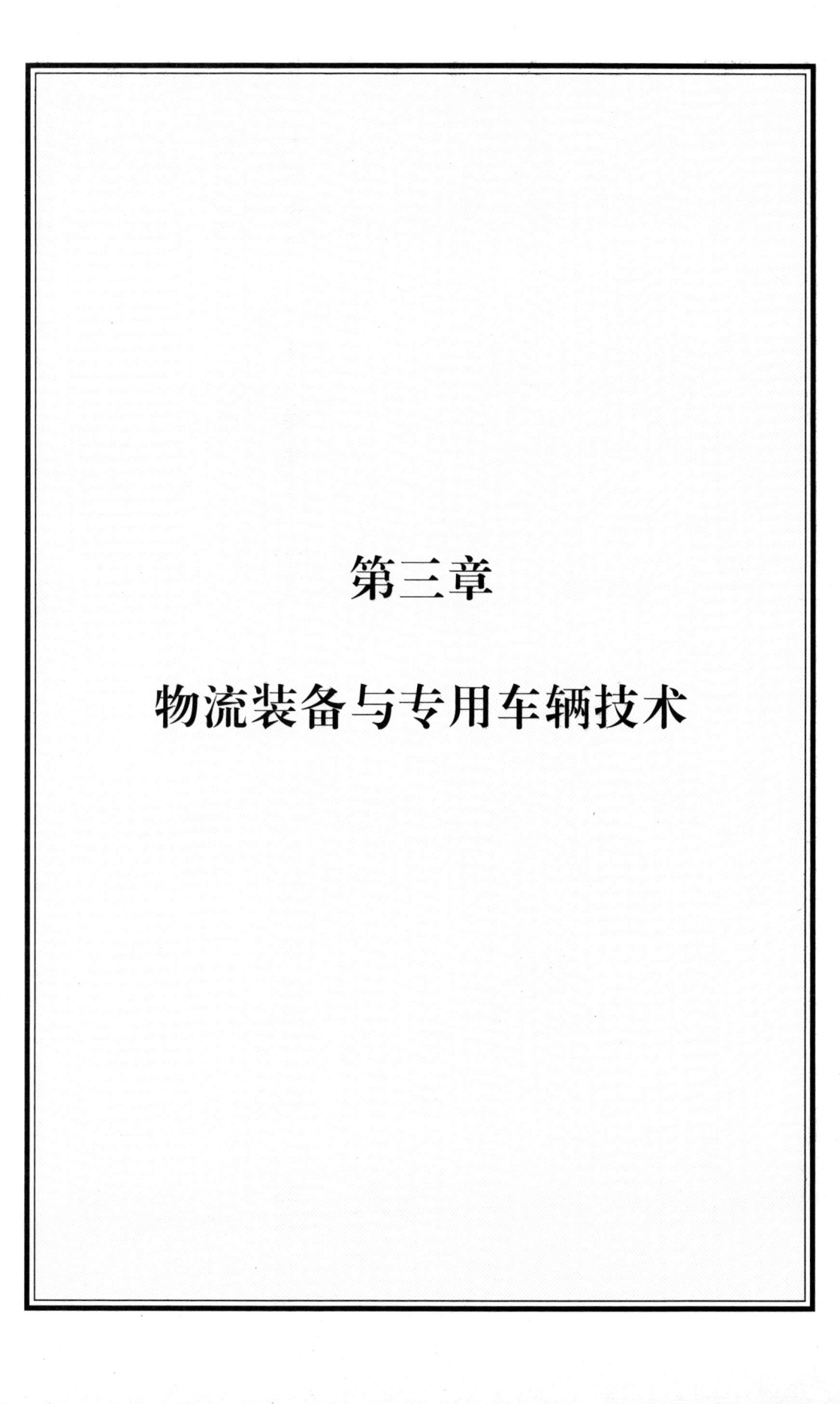

物流装备与专用车辆技术

第一节　智能物流装备与分拣技术

一、自动化仓库

为节约存储空间、提高仓储存取和管理率、降低人工误差和人工成本,自动化立体仓库近年来在我国得到了长足发展。自动化仓库主要由堆垛起重机、高层货架和控制系统等主要部件构成。在多层钢结构体货架内设计有货位空间,起重机由控制系统引导,穿行于货架内,完成存、取货工作。在不直接人工干预的情况下,自动化仓库系统可以自动完成物料的存储和取出过程,自动化仓库已被广泛应用于汽车、飞机、机械、家电、食品等制造行业。

（一）自动化仓库基本构成

自动化立体仓库可分为硬件系统和软件系统两部分,其中硬件系统包括多层货架及其货箱、堆垛机、输送搬运机械、电子电气设备等部分。

1. 多层货架及其货箱

贯通式货架、货格式货架、悬臂式货架是自动化立体仓库中常见的货架类型。一个标准货物或容器被称为单元负载。货物载体可以是托板、托盘、专用集装箱托盘、滑板、纸箱、专用盛放架等,货物通过载体存放在货架中。托盘的基本功能是储存物料,方便堆垛起重机对货架内的物料进行取出和储存操作。托盘主要由钢、木或塑料制成,托板一般为金属制成。专用集装箱托盘大多由钢制成,可在各种运输设备上进行周转。专用盛放架巾钢或木材制成,可以装载特殊形状的零件或物品。

2. 堆垛机

堆垛机是自动化仓库中较为重要的起重运输设备,可在仓库通道内按工作程序运行和工作,将货物存放至货舱,或将货舱内的货物取出。堆垛机有多种类型,可按照下述五种主要分类方式进行分类。

(1)按是否有导轨分类

根据是否有导轨,堆垛起重机可分为轨道堆垛机和无轨堆垛机。轨道堆垛机在工作时沿预设的固定轨道运行。无轨堆垛机即高架叉车,运转较为灵活,可用于两车道以上作业环境,但作业速度慢,作业效率低,而且高架叉车的工作高度有限,多用于高度小于12m、吞吐量较小的立体仓库;相反,轨道堆垛机的工作高度较高,在现代化立体仓库中得到了广泛应用,如果仓库存储高度较低,也可以使用普通叉车作业。

(2)按作业高度分类

根据作业高度可分为高层、中层和低层堆垛机。高层堆垛机提升高度超过15m,适用于一体式高层货架;而提升高度小于5m的低层式堆垛机,多用于简易立体仓库;中层堆垛机提升高度一般在5～15m之间。

(3)按自动化程度分类

根据自动化程度可分为全自动、半自动和手动堆垛机。手动和半自动堆垛机配有司机室,而自动堆垛机不配备司机室,直接由控制系统自动控制,可自动定位和装卸货物。

(4)按用途分类

根据用途的不同,堆垛机主要可分为桥式堆垛起重机和巷道式堆垛起重机。在桥式起重机的基础上,结合叉车的功能和结构而设计制造的自动化仓库用桥式堆垛机,由小车、大车运行机构、电气设备及桥架等主要部件构成。一个可升降伸缩的货叉时安装在桥式起重机的立柱上,根据立柱结构和功能的不同,可将桥式堆垛起重机分为带固定立柱的支撑式、带伸缩立柱的支撑式、带固定立柱的悬挂式、带伸缩立柱的悬挂式桥式堆垛机。

带固定立柱的支撑式桥式堆垛起重机是由桥架和带立柱的小车组成,使用方便、结构简单。带伸缩立柱的支撑式桥式堆垛起重机有伸缩立柱,可以克服障碍物进行堆垛和装卸,使用方便,并且对地面通道环境要求较低,但相比带固定立柱的支撑式桥式堆垛起重机,结构较为复杂。带固定立柱的悬挂式桥式堆垛起重机的起重机桥架较轻,起重机轨道可以固定在屋顶桁架上。而带伸缩立柱的悬挂式起重机,立柱具备伸缩功能,能够跨越地面障碍物进行堆垛、装卸和搬运工作,对地面通道环境要求较低,使用方便,但结构复杂。带固定立柱的悬挂式桥式堆垛起重机的起重机桥架较轻,起重机轨道可以固定在屋顶桁架上。而带伸缩立柱的悬挂式起重机,立柱具备伸缩功能,能够跨越地面障碍物进行堆垛、装卸和搬运工作,对地面通道环境要求较低,使用方便,但结构复杂。

桥式起重机主要性能参数包括以下几方面:

①小车最大运行速度。小车最大运行速度是指小车在额定起重量下在桥架上运行时能达到的最大速度,小车的最大运行速度直接影响到作业效率。

②额定起重量。额定起重量是指允许桥式堆垛起重机进行叉取的最大物料质量,涵盖货叉和其他存取设备的质量。

③最大提升高度。在额定起重量前提下,物料被抬升至最高位置时,货叉的水平段上表面与地面的垂直距离,定义为桥式起重机的最大提升高度。货架的高度由最大提升高度决定。

④最大提升速度。最大提升速度是指货物在额定起重量下的最大提升速度。

⑤最大回转速度。最大回转速度是指回转平台在额定起重量下回转时所能达到的最大速度。

⑥巷道宽度。巷道宽度是指巷道满足各种作业要求的最小宽度,它主要受货物的几何尺寸、货叉长度等因素的影响。

⑦货叉下挠度。货叉下挠度是指在额定起重量下,货叉上升到最大高度时,其最前端向下弯曲的距离,该参数反映了货叉抵抗变形的能力。若货叉下挠度过大,会影响货物运行过程中的稳定性。货叉下挠度大小与货叉的材料、加工货叉的热处理工艺以及结构形式有关。

桥式堆垛起重机的桥架尺寸较大,占用空间较大,运行速度受限;而且一个仓库内的桥式堆垛起重机数量一般为1~2台,台数增加会增大相互干扰程度与风险。桥式堆垛起重机适用于出入库频率较低、存放尺寸较长的原材料和货物比较笨重的仓库。而在桥式堆垛机基础上结合叉车特性发展而来的巷道式堆垛机,可在多条巷道上运行与工作,将物料取出并转运至巷道口,或将处于巷道口的物料存入高层货架内。巷道式堆垛起重机的运行速度通常为4～120m/min,提升速度通常为3～30m/min。

巷道式堆垛机一般由机架、运行机构、提升机构、电气设备和载货台等主要部件构成。巷道式堆垛起重机机架的框架通常由上横梁、下横梁和立柱组成,结构较为窄而高。按机架结构分类,可分为单立柱式和双立柱式两种类型。

巷道式堆垛起重机的电气设备主要包括电气传动、检测和控制设备。在电气传动方面,可控硅直流调速、交流变极调速和交流变频调速的应用较为广泛,速度、稳定性和精度要求是电气传动系统应满足的条件。堆垛机的电气控制一般采用可编程逻辑控制器、单片机和微型计算机等设备。

巷道式堆垛起重机作为在高空、窄巷道内高速运行的设备,为了保证仓储操作人员和相关设备的安全,必须具备完善的软硬件安全保护装置;可采用的安全保护措施主要有各机构的缓冲器和终端限位、电机过电流和过热保护、控制回路的零位保护等,进一步可根据实际仓库环境和需要增加各种保护模块。

3. 输送搬运设备

输送设备属于自动化立体仓库中的辅助性设备,具有连接各个物流站的功能。带式、轮式、辊式、悬挂式、滑板式输送机是常见的输送设备。搬运设备包括自动引导车、叉车、室内起重机、智能物流搬运机器人等地面交通工具。

(二)自动化仓库的基本功能

自动化立体仓库采用自动存取系统,主要可以实现收货、存货、取货、发货、信息查询等五种基本功能,将接收的货物按照一定的顺序存放到自动化立体仓库中,可为企业的仓库区域节省占地面积,提升空间利用率,为企业节省仓储成本。自动化立体仓库通过对货物的信息化管理,能够准确地记录货物所在库位,方便正确取货并保证效率。在接收到取货需求后,自动化仓库自动进行取货作业。仓库管理人员可利用信息查询功能,较为方便地对仓库及物料信息进行自动化管理,实时查询仓库和物料及其运行信息。

二、仓储物流装备

(一)起重机械

1. 起重机械的概念

在物流作业中,起重机械是一种循环式间歇性运动的机械,可用于对货物进行垂直升降和水平移动,完成装卸、转运货物等各种作业任务。起重机械是实现物流作业机械化、自动化的主要装备,可改善搬运条件、减轻工人劳动强度、提高装卸搬运效率,在自动化仓库中起着重要作用。

2. 起重机械的分类

按结构形式,起重机械一般可分为轻小型起重设备、起重机和升降机三类。轻小型起重设备质量与体积较小,适用于作业任务强度与重量较轻的场合,方便携带,具有代表性的设备包括吊具、千斤顶等。起重机较轻小型起重设备更为复杂,能够对货物进行垂直升降和水平移动操作。升降机仅沿导轨升降,做垂直或近似垂直的运动。

3. 起重机械的特点及结构

(1)起重机械的特点

水平运动和垂直升降运动是起重机械的基本运动形式,不同种类的起重机械,构造及工作原理也不尽相同,但其工作特点基本相同。起重机械一个完整的工作过程包括以下内容:吊钩提升货物,提升后完成若干水平运动,将货物运送至卸载地点,然后返程开始下一次工作。整个过程称为一个工作循环,一个工作循环完成,紧接着进入下一个工作循环,每一个工作循环都有负载和空载返回行程。可见起重机械的工作过程具有间歇性、重复性特点。在工作过程中,各工作部件常启常停,稳定运动时间较短。起重机械的主要功能是装卸,其搬运能力较差,搬运距离较短。起重机械一般较笨重,通用性不强,一般用作港口、车站、物流中心等处的固定设备,而且起重机械的作业方式是从上部空间提升货物,因而工作时高度空间的需求较大。

(2)起重机械的结构

起重小车、桥架运行机构、桥架金属结构等主要部件构成起重机械。起重小车由运行机构、起升机构和车架构成,其中由焊接工艺制造的车架是运行机构和起升机构等结构的支撑机架。起升机构由卷筒、滑轮组、电动机、减速器和制动器等主要部件构成,电动机通过减速器降低转速,并驱动卷筒转动,卷筒的转动可以带动钢丝绳卷动,完成升降货物的动作。起重机械运行机构有两类驱动方式,一类为两侧车轮各用一台电动机驱动,即分别驱动;另一类为用一台电动机通过传动轴将动力传给两侧车轮,即集中驱动。中小型桥式起重机一般将电动机、减速器和制动器一体化设计制造来驱动车轮,而起重量较大的桥式起重机常采用万向联轴器驱动。运行机构一般有四个车轮,但在起重量较大时,必须增加车轮数量以降低单轮轮压。若配备四个以上的车轮,起重机械必须安装连接均衡车架装置,使得各车轮载荷达到均衡状态。

4. 起重机

门式、桥式和悬臂式起重机是应用较为广泛的三种起重机类型。

(1)门式起重机

门式起重机具有作业范围广、通用性较好、适应性强等特点,在港口码头、仓库等物流场景较为常见。

①门式起重机的分类

按结构分类,可分为折架结构门式起重机、箱型结构门式起重机等;按悬臂数量分类,可分为无悬臂式起重机、单悬臂式起重机和双悬臂式起重机;按门框形式分类,可分为全门式、半门式;按主梁个数分类,可分为单梁式和双梁式;按支腿形状分类,可分为 C 形门式起重机、L 形门式起重机、O 形门式起重机和 U 形门式起重机等。

②门式起重机的构造

门式起重机主要由电气设备、驾驶室、小车、大车运行机构、门架、大车导电装置和安全装置等部件构成。门式起重机的门架主要由主梁、下横梁、支腿、行走平台栏杆、梯子平台、小车导电支架、小车轨道、控制室等主要部件构成。按起重机的主梁数目,门架一般分为单主梁、双主梁门架。门式起重机大车运行机构采用分别驱动方式。车轮分为主动轮和从动轮,在保证起动和制动时车轮防滑的前提下,可确定主动轮占总轮数的比例。通过主动轮驱动支腿,使得起重机可沿铺设在地面上的轨道运行。大车导电装置用于将地面电源连接至起重机,实现起重机的各种动作、控制和过载保护。大车导电装置主要可分为两种,一种是电拖滑线导电装置,其安装时需架起若干根电线杆,用以架起电源线,建设费用较高,电源线离地较高,维修较为困难;另一种是电缆卷取装置,其需要将电缆埋于地下,并将起重机所需电缆引出,机上设有卷取装置,随着起重机的运行,卷取装置进行卷缆和放缆。门式起重机的小车主要由小车架、运行机构、起升机构等部件构成,能够实现小车沿主梁运动,与起升机构配合通过吊具完成货物的吊装升降和移动任务,可适应户外作业需要。门式起重机以电力为动力源,货物的升降、大小车运行的控制和过载保护等模块的正常运行必须依靠电力系统来保障。门式起重机电气设备是指大车轨道面上部电气设备,安装在驾驶室和电气室内,或安装在门架走台上。驾驶室、电气室一般均固定在主梁下,且不可移动。但抓斗门式起重机的驾驶室和电气室是可以随小车移动的。门式起重机的安全装置主要有缓冲器、偏斜指示装置、起重量限制器、安全保护连锁开关、保护罩、扫轨器、起升高度限位器、行程限位开关等,保障门式起重机运行安全。

(2)桥式起重机

桥式起重机通常横跨于金属架或水泥支柱上,外形似桥,能够在铺设于两侧高架的轨道上运行,因此运行时不受起重机下方空间和环境的干扰。

起重机的技术参数代表了其工作性能,是正确选择起重机的技术依据,起重量、工作类型、起升高度、跨度、工作速度和轮压是主要技术参数。

①起重量

表示起重机在安全工作条件下的最大起重量,即起重机的额定起重量,是评价起重机起重能力的重要参数。一般来说,抓斗、起重电磁铁须包含在起重量参数内,但吊钩、活动滑轮组、钢丝绳不计入起重量。起重量用 G 表示,单位为 kg 或 t。

起重量参数较大的起重机一般具有两种起重机构:主起重机构和辅助起重机构。主起重机构俗称主钩,其起重量较大;辅助起重机构俗称副钩,其起重量较小,副钩的起升速度比主钩快,可提高轻货装卸效率。起重量可用由主钩和副钩构成的分数表示,分子为主钩起重量,分母即副钩起重量。

②工作类型

表示起重机的工作繁忙度。对于起重机整机而言,繁忙度是指一年中起重机实际运行小时数与总小时数的比值;对于起重机某工作机构而言,是指该机构一年内的运行小时数与总小时数之比。在起重机的一个工作循环中,机构工作时间的百分比被称为负荷持续率。根据起重机工作繁忙度和载荷变化程度,起重机可分为轻型、中型、重型和超重型四种类型。在起重机的选型和维护中,应注重机构的工作类型。

③起升高度

起升高度是指起重机吊钩上升到最高位置与工作地面或运行轨道之间的垂直距离,常用 H 表示,单位为 m。在我国,起重机起升高度已经标准化,桥式起重机起升高度一般在 12~36m 之间,门式起重机起升高度一般在 11~33m 之间。

④跨度

指起重机两侧轨道中心线之间的距离,表示桥式起重机和门式起重机的工作范围。跨度用符号 L 表示,单位 m。

⑤工作速度

一般分为起升速度和运行速度。起升速度是指货物升降速度,单位为 m/min 或 m/s,例如仓库起重机的起升速度一般为 8~40m/min 之间。运行速度是指起重机或起重小车的工作速度,单位为 m/min 或 m/s。一般情况下,起重量较大的起重机工作速度较慢,而起重量小的起重机工作速度较快。起升速度和运行速度要协调搭配,以提高工作效率。

⑥轮压

当小车在桥的一端时,起吊额定载荷,此时起重机车轮上的垂直压力即是车轮压力,车轮可承受最大压力参数称为最大轮压。

(二)连续输送机械

连续输送机械是指能够在固定线路上的装卸货点之间连续输送包装或散装货物的机械。在现代物流中承担着运输货物的环节,具有连接相应物流环节的功能。

连续输送机械的优点是运动速度较快且速度稳定、驱动功率小而效率较高、外形尺寸与自重较小、成本较低、结构紧凑,便于实现自动控制且工作中负载均匀,易于制造和维修。而与起重机械相比,连续输送机械可以沿给定的路线连续输送货物,货物的装载和卸载在运动中完成,不用停车,散货连续地分布在承载部件上,成件货物可按一定次序连续被运送。但其缺点也较为明显,连续输送机械仅能按照给定的路线输送,每种机型仅限于运输一定类型的货物,不适用于质量或体积较大物品。

此外,性能参数还包括制动时间、安全系数、轴动率、电动机功率、最大动张力、最大静张力、拉紧行程等。

根据输送机能否移动,连续输送机械可分为固定式和移动式输送机,固定式输送机适用于不需要移动的固定输送场景,如码头或仓库的货物搬运、工厂中的产品输送等。固定式输送机具有输送量较大、效率高而能耗较低等特点。移动式输送机安装有车轮,可以随意移动,输送量较小,输送距离较短,适用于中小型仓库。移动式输送机的特点有机动性强,可快速投入输送作业中快速达到装卸要求。根据输送机结构的不同,连续输送机械又可分为有挠性和无挠性牵引构件输送机。有挠性牵引构件的输送机在牵引构件的连续运动作用下,物料或货物可向一定的方向输送,常用的包括带式输送机、链式输送机和悬挂输送机等。而无挠性牵引构件的输送机工作时,其牵引构件可做旋转或振动使货物沿一定方向运动,但不能循环往复,这类输送机有气力输送机、螺旋式输送机和振动输送机等。

按照输送货物种类的不同,可分为输送件货输送机和输送散货输送机;按照输送货物的动力形式不同,可分为机械式、惯性式和液力式等。

1. 带式输送机

带式输送机是利用输送带为牵引和承载部件,并依靠摩擦驱动的连续输送机械。带式输送机一般用于水平或坡度不大的场合输送散货或质量较小的大件货物,具有输送距离较长、运量较大、生产率高、结构简单、运行成本低、输送线的布置可灵活配置为水平或斜的直线、受地形条件限制小、运行安全可靠且易于实现自动化控制等优势,广泛应用于仓库、工厂等场景,可有效降低人工操作强度和成本,提高工作效率。但带式输送机不能自行取货,当货物运输线路发生变化时需要重新布置输送线,输送角度受限。

2. 链式输送机

链式输送机是一种利用链条牵引和承载物料,或安装在链条上的板条、金属网带等承载物料的输送机,主要有链条式和板条式等两种,可与其他类型输送机、起重设备等组成各种功能的自动化生产线。

3. 辊筒输送机

辊筒输送机结构简单、易组合衔接、输送速度快、运行较为平稳、输送量较大,广泛用于自动化仓库、机械加工、军事工业及物流中心的分拣作业等领域。

(三)码垛机器人

码垛机器人是具有代表性的机电一体化控制设备,可以按照给定的设计程序做出模拟人类臂部、腕部和手部的部分动作,灵活实现自动化抓取、搬运和堆放包装产品的工作。码垛机器人的应用提高了码垛效率,其占用安装空间较为紧凑,节省了人力和空间成本,而且码垛机器人系统能够广泛适应不同工厂生产环境、包装类型和客户需求之间的差异,适用性较强,可以快速响应客户产品的尺寸、体积、形状以及托盘的外形尺寸发生变化的情况,而且能耗较低,在宏观上可降低码垛作业的成本。码垛机器人主要应用在箱装、袋装、桶装产品或物料的搬运和码垛作业,在化工、饲料、食品、肥料、粮食加工等行业得到了广泛应用。

1. 码垛机器人系统组成

根据臂部的不同运动形式,码垛机器人有以下四种类型:直角坐标臂、圆柱坐标臂、球坐标臂、关节臂。直角坐标臂可沿三个直角坐标运动;圆柱坐标臂可用于升降、旋转和伸缩;球坐标臂具有旋转、俯仰和伸缩功能;关节臂有多个旋转关节。码垛机器人的组成主要包括机械系统、驱动系统、控制系统、检测传感系统和人工智能系统。

2. 码垛机器人主要技术参数

码垛机器人的主要参数包括以下几方面。

(1)握取质量

握取质量指的是机器人以正常速度运行时握取的产品质量,是评价机器人负荷能力的重要技术参数。由于低速时握取的质量较高速时大,一般将高速运行时握取的质量作为评价指标。

(2)运动速度

运动速度直接影响到机器人的精度等参数,是评价机器人性能的重要参数。

(3)自由度

一般情况下,自由度越多,机器人灵活性越高,但不宜过多,过多的自由度会使机器人结构复杂,通常以4~6个自由度为宜。

(4)定位精度

定位精度关系到机器人的工作质量,握取质量、运动速度等参数会影响定位精度,而且运动部件本身的制造工艺及控制方式也会影响定位精度。

(四)登车桥

装卸货平台在现代物流中运用广泛,但是与运输车辆车厢之间会形成一定的高度差,造成叉车等搬运车辆不能直接进入车厢装卸货物。登车桥的运用可解决这一问题,登车桥可以连接车厢与库房,搬运车辆可以借助登车桥直接进入车厢完成货物的快速、安全装卸作业。登车桥是货物快速装卸的辅助设备,高度可以调节,架起了库房与货车车厢间的桥梁,叉车等搬运车辆可以通过登车桥快速实现货物的装卸。

(五)码垛机

自动码垛机可根据已设定的编组方式和层数完成对各类产品的码垛,在自动化生产线和智能化立体仓库中比较常见。其结构牢固,动作平稳可靠,可以码多种垛型,调整方便,码垛过程自动完成。码垛机主要由压平输送机、缓停输送机、转位输送机、托盘输送机、托盘仓、编组机、码垛装置、推袋装置、垛盘输送机等部件组成。

1. 码垛机的应用

全自动码垛机可将包装袋产品按一定排列码放在托盘上,可自动堆码多层,最后由辊筒输送机推出,并由叉车转运至仓库,其采用PLC与触摸屏控制,操作简单方便,显著降低了工人劳动强度,节约成本。

2. 码垛机器人

码垛机器人属于码垛机的一种,但与普通码垛机相比,两者有着明显的差别。普通的码垛机主要采取托盘侧推等方式完成码垛输送等一系列动作,而码垛机器人通过机械手模拟手臂动作进行码垛。与普通的码垛机相比,码垛机器人有明显的优势。码垛机器人的灵活性高,能快速适应不同产品,码垛效率更高,所以在自动化生产线、柔性智能制造和自动化仓库中应用广泛,有利于提高企业的生产效率,降低码垛成本;而且对于随机货盘,到目前为止最适合的是码垛机器人,其可以与自动化仓库WMS系统互联互通。

三、包装机械

包装机械是指完成全部或者部分包装过程的一类机器,随着新型包装材料的出现和包装技术的不断创新而发展起来的,其基本结构主要由七种装置组成:进给机构、计量装置、传动机构、输送机构、动力元件、控制系统和机身与操作系统。

包装机械主要可分为上料机械、填充机械、灌装机械、封口机械、打码机械、喷码机等。使用物流包装设备可以提高劳动生产率，保证包装质量，降低劳动强度，改善劳动条件，降低包装成本和流通成本。包装过程包括填充、封口、裹包等主要包装工序以及多种相关工序，例如清洗、杀菌、计量、干燥、成型、标记、紧固、多件集合、集装组装及其他辅助工序。

（一）上料机械

在包装流水线中，上料是一项重复繁重的工作。传统的人工上料方式不仅效率低下，而且长时间的重复工作也容易引起人工的失误，造成不必要的损失，或者产生大量残次品。使用自动上料机械装置，与包装流水线的匹配度较高，上料稳定，上料效率得以提高，能保证连续不断地向包装流水线上料的同时保证物料的完整性。

（二）填充机械

填充机械主要由计量装置和填充装置等部件构成，能够将物料或产品按预设量灌装填充到包装容器里，完成填充工作。受充填材料物理状态和定量方式的影响，填充机械的进给系统可采用螺旋推进器、重力流动式、振动给料或输送带给料等形式。

（三）灌装机械

灌装机械是将定量液体状物料灌装到包装容器中的一类包装机械，包装容器一般选用玻璃瓶、金属罐、塑料瓶、塑料袋、复合纸箱和复合纸袋等。灌装机种类繁多，但其结构主要由包装容器加料装置、灌装物料加料装置和灌装阀组成。

（四）封口机械

封口机械是对盛装物料后的包装容器进行封口的一类包装机械，在较长时间内可保证包装容器密封性、保持容器内产品或物料的质量。封口机及其封口装置和封口形式的选用要匹配适合不同的产品或物料属性、包装容器的物理特性和形状。热压式封口机通过加热加压的方式对包装容器进行封门，加热元件有加热辊、加热环带和加热板等；熔焊式封口机通过加热使封口处熔融完成对包装容器的封口，常用电磁感应、热辐射和超声波等加热方式；缝合式封口机使用缝线对包装容器进行缝合封口，多用于复合编织袋、布袋、麻袋等类型包装容器的封口；液压式封口机使用滚轮滚压金属盖使之变形，完成对包装容器的封口；通过旋转封口器材（如螺纹瓶盖）的方式，旋合式封口机可对特定产品包装进行封口，如对带有螺纹瓶口的饮料包装瓶进行封口；结扎式封口机使用线绳或扎带等结扎材料对包装容器进行结扎完成封口。

（五）贴标机械

作为现代包装中不可缺少的组成部分，贴标机可将标签粘贴在产品包装上。贴标机主要由供标装置、取标装置、印刷装置、涂胶装置和连锁装置组成。供标装置按规定的工艺要求供应标签纸，在贴标过程中印刷装置将生产日期和产品批号等信息打印在标签上，涂胶装置在标签背面或取标执行机构上涂的黏结剂，连锁装置的应用可保证高效的贴标工作及其可靠性。

按照结构形式分类，贴标机可分为卧式和立式贴标机；按照粘胶涂布方式分类，主要可分为热熔胶、不干胶和浆糊贴标机等；按照自动化程度不同进行分类，可分为全自动、半自动和手动贴标机。

（六）喷码机

在产品包装的表面上，喷码机能够喷印文字、图案、防伪标识或条码，不接触产品的喷印使其不会对产品造成额外损坏，而且其喷印内容和字符大小可通过人机交互程序灵活快速调整，应用较为广泛，安全高效。

四、自动分拣

（一）电子标签技术

1.电子标签基本概念

（1）电子标签的定义

电子标签又称射频标签、应答器、数据载体，电子标签是射频识别技术的载体。电子标签主要运用于无线射频技术，它是无线射频技术的重要组成部分。在物流过程中，电子标签附着在物品的表面，当物品通过识别区域的时候，标签上的信息就可以被识别出来。现阶段，电子标签已经被广泛运用在物流运输中。

（2）电子标签的种类

电子标签的种类主要有主动式标签、被动式标签两种，分为只读标签、可读标签、标识标签、便携数据文件等类。其中主动式标签的使用寿命有限，但是能够实现连续供电。被动式标签需要电力支持，并且其电能较弱，传输距离和传输信号会受到一定的影响，但被动式标签的使用寿命比主动式标签长。另外，主动式标签的通信距离较远，价格昂贵，多用于贵重物品的检测，而被动式标签的价格低廉，但存储容量和能量有限。只读标签主要由只读存储器、随机存储器和缓冲存储器组成。而可读标签主要由随机存储器、只读存储器、缓冲存储器、编程记忆器等组成，并且可读标签能够擦除并重写数据。标识标签主要存储数字和字母，而便携式数据文件由用户自主进行编程，并且便携式标签还有包装说明、工艺说明等信息。

（3）电子标签的优势

电子标签的优势有以下几方面：

①电子标签具有灵敏度高，可快速扫描的优势，能够被读写器激活并向读写器传输信号，可以同时扫描多个标签，优于条形码技术一次只扫描一个标签。

②电子标签具有体积小、形状多的优势。电子标签与其尺寸和形状的关系不大，不需要配合印刷品的尺寸和形状，电子标签正朝着小型化及多样化的方向发展，来适应于多样化的产品。

③电子标签能够重复使用。电子标签能够进行删除、重写或修改，可以重复使用，避免浪费。

④电子标签具有穿透性。电子标签能够穿透纸张、木材、塑料等，能够实现穿透通信，而传统条形码技术只能在没有障碍物遮挡的情况下进行扫描。

⑤电子标签具有抗污染能力。电子标签对水、油、化学物品的抗污染能力较强，储存在

芯片中不容易被破坏,而传统的条形码由纸张制作而成,很容易受到水、油、化学物品等的腐蚀。

⑥电子标签具有较高安全性,可以对必要的数据信息加密处理。

(4)电子标签的读取

电子标签的阅读器依据其可否离线改写数据,分为读出装置、扫描器、读头、通信器、读写器等。电子标签与阅读器通过耦合元件实现射频信号的无接触耦合,在耦合通道内,根据时序对应关系,能量的传递和数据交换得以实现。

电子标签技术具有无需接触、非光学可视、不需要人工干预、适用于实现自动化,同时,电子标签具备不易损坏、可识别高速运动物体、可同时识别多个射频卡、操作快捷方便等诸多优点,可以较好地满足现代物流信息流量不断增大和高信息处理速度的需求。电子标签技术凭借其独特的优势,克服了条码识别技术等需要光学可视,并且识别距离短、信息不可更改等缺点,在飞速发展的现代智能物流中得到了越来越广泛的应用。现代智能物流作为传统物流装备行业发展的高级阶段,是现代信息技术、现代生产方式以及现代经营管理方式相结合的产物,它以高度发达的信息技术为基础,注重服务、信息、技术、人员与管理技术在物流平台的综合集成应用。因此,要实现物流标准化与高效化,快速、实时、准确的信息采集和处理尤为重要。

2.电子标签结构原理

电子标签技术主要内涵为电子标识和射频识别,当下应用较广的为电子标签RFID,电子标签RFID是随着雷达技术发展起来的自动识别技术,利用射频信号和空间电感或电磁耦合的传输特性,实现对物体或商品的非接触式自动识别。

RFID电子标签系统基本结构由标签、阅读器、天线组成。阅读器用于捕捉和处理RFID标签数据的设备,可以为单独的个体,也可嵌入其他系统。阅读器是构成RFID系统的重要部件,因其能够将数据写到RFID标签中,所以称为阅读器。阅读器的硬件基本组成为微处理器、收发机、存储器、外部传感器/执行器、报警器接口、通信接口及电源等。天线是一种信号收发设备,它以电磁波形式把前端射频信号功率接收或辐射出去。天线也是电路与空间的界面器件,以此实现导行波与自由空间波能量的转化。

RFID电子标签系统的基本工作流程有以下几点:第一步,RFID电子标签靠近读卡器天线时,它会接收到读卡器发出的查询信号,与此同时读卡器发出的能量激活RFID标签;第二步,RFID标签根据查询信号的要求,将标签中的信息反射回读卡器;第三步,读卡器接收到RFID标签反射回来的微波信号后,经读卡器内部电路的解调和处理,识别出RFID电子标签内部存储的信息;第四步,将识别出来的信息作为物体的特征数据传送至控制计算机进行处理,进而完成与物体有关的信息查询和管理。

RFID电子标签系统根据其功能的不同,可分为便携式数据采集系统、EAS系统、物流控制系统、定位系统四种类型。

(1)便携式数据采集系统

便携式数据采集系统是使用带有阅读器的手持式数据采集器装置,以此采集RFID上的数据。此种系统灵活性较大,适用于不方便安装固定式 RFID 系统的应用环境。手持式阅读器可在读取数据的同时实时地向主计算机系统传输数据,也可暂时将数据存储在阅读器里,再分批向主计算机系统传输数据。

(2)EAS 系统

电子商品防盗系统是一种设置在需要控制物品出入地门口的 RFID 技术。EAS 系统典型应用场景是商店、图书馆、数据中心等公共场所,当未授权的人从这些地方取物品时,EAS 系统就会发出警告或警报。物品经过设置有 EAS 系统的门口,EAS 装置会自动检测标签的活动性,如果发现失活性标签,EAS 系统会发出警告。通过 EAS 技术应用可以有效地防止物品被盗,无论是大件或者是很小的物品都适用。企业、事业单位应用 EAS 技术后,物品不必再锁在玻璃柜里,可以自由地观看并检查物品,这在自选商品日益流行的今天意义非凡。EAS 系统一般由电子传感器、电子标签灭活装置、监视器组成,其中电子传感器为附着在物品上的电子标签,电子标签灭活装置用于授权物品能够正常出入,监视器则是在出口形成一定区域范围内的监视空间。

EAS 系统的基本工作原理有以下内容:在监视区内,发射器以一定的频率向接收器发射信号。发射器与接收器通常安装在零售店里、图书馆的出入口,形成监视空间。当具有特殊特征的标签进入监视空间区域时,就会对发射器发出的信号产生干扰,此种干扰信号也会被接收器接收,再经过微处理器的分析判断,从而控制警报器发生鸣响。依据发射器发出的信号不同以及标签对信号干扰原理不同,EAS 可以分成不同的类型。

(3)物流控制系统

在物流控制系统中,RFID 阅读器分散的固定布置在给定的区域,阅读器直接与数据管理信息系统相连接,移动信号发射机一般安装在移动的物体或者人身上。当物体和人经过阅读器时,阅读器会自动扫描标签上的信息,并把数据信息输入数据管理信息系统储存、分析、处理,从而达到控制物流的目的。

(4)定位系统

定位系统主要用于自动化加工系统中的物料定位及对物流装备车辆、轮船等进行定位支持。阅读器放置于移动的车辆、轮船上或自动化流水线中原材料、半成品、成品上,信号发射机嵌入到操作环境的地表下面。信号发射机存储位置识别信息,阅读器一般通过无线或者有线的方式连接到主信息管理系统。

3.电子标签拣选系统

电子标签拣选系统是以一连串装于货架格位上的电子标签取代拣货单,指示应拣取的物品种类及数量,从而辅助拣货人员的作业,减少目视寻找时间。

第二节 无人值守仓库

一、无人值守仓库背景

目前仓库的管理模式主要以人工登记完成,由于设备数量繁多,领取和归还时间不确定,给仓库管理带来了极大困难,RFID技术的推广和人脸识别技术的进步,使无人值守仓库的实现变得可行。RFID和视频监测技术的结合,可以实现仓库24h无人管理,可有效降低设备和材料的损耗率,降低仓库综合管理成本。

无人值守仓库是对传统仓库进行智能化改造及系统升级,对物资的出入库和盘点维护的集中管理,以及通过车辆种类、形状和停车车位来识别货车,提高物资运输的效率。为扩大物流运输能力和减少物流成本,整个物流行业的发展趋于智能化模式管理。

无人值守仓库管理基于仓库信息系统,以智能移动终端、无线网络技术为前沿,对仓库中的物流进行条码化式全程跟踪管理。从其签订物资采购合同开始,到仓库到货接收、验收、存储、领用。并通过智能移动终端设备实现数据的实时双向发送,保证货物从入库到出库过程中各个环节信息都处在准确掌控之中,达到信息流与物流统一的应用效果,实现整个仓库管理流程的自动化和精准化。提高仓库管理员的操作效率和准确性,提高企业仓库的整体运转效率及企业物资管理的质量,降低企业服务成本,提升物资管理部门的服务质量。

二、无人值守仓库基础组成

无人值守仓库是利用计算机网络、GPS跟踪定位、红外视频监控、RFID无线射频等先进技术对物资的入库、盘点、配送、出库等环节进行掌控,对各级仓库间的储备需求进行监控,通过整合资源利用物联网技术,在无人值守仓库前期建设及后期运行中取得成功,创建了一套科学实用高效的建设模式,为建设现代化电网和物资的节约化发展,奠定了在物资管理上的基础。

无人值守仓库通过智能化的管理方式代替传统物资仓储和出入库管理,可降低仓库管理成本,提高管理效率。通过采用AI人脸识别系统完成出入库人员的智能识别和登记,在RFID技术的帮助下对仓库货架进行实时定位管理,并对进出仓库的物资进行自动记录和智能识别。在服务器端,综合出入库人员的登记记录和RFID物资识别结果,完成人员与物资的智能匹配和绑定,无人值守智能仓库在传统仓库的基础上,增加了人脸识别门禁、智能储物架、电线架、安防监控等设施及配套软件系统,能够自动地完成人、物、时不同对象和参数进出仓库的智能管理工作,实现对仓库的无人化智能管理。

三、无人值守智能仓库配送模式

无人值守智能仓库配送模式可分为以下几方面。

(一)物资共享网络的应用

物资配送中心包含状态管理、仓储管理、运输管理等功能,通过网络监控物资系统从集中采购到出库配送各个节点,所有的库存物资都可以纳入物资信息共享网络内,并对各级仓库间的物资进行资源共享和互为储备,实现物资的全自动化配送。

当配送中心库存物资无法满足无人值守仓库需求时,在物资共享网络内查询库存物资,开展物资调配,确保物资及时供应。当网络内库存不能满足需求时,系统自动分析决策,产生采购报警,物资共享调配网络全面应用于物资需求及物资供应计划的合理调配,有效降低了库存金额,合理利用物资资源,推进物资可靠供应。

(二)库存更新与调配

软件系统可根据各地区物资需求的不同自动产生需求报警,工作人员可根据生产单位的物资需求,遵循合理分配的原则,进行仓库之间的调配。对领用物资开展数据统计分析,通过软件后台的数据分析,调配员根据需求总类及时进行兰存物资的调整,实现最大化利用库存物资,进而建立起物资保障供应体系。

(三)创新固化拣货流程

针对无人值守仓库日常工作领料的特殊性,为了规范流程,统一采用模式,以信息化软件为依托,以自动控制设备为支撑,在系统内应用"一看、二拣、三按"的拣货流程。

1."一看"

当领料人刷卡进入无人值守仓库后,拣货单上面所需求物料的储位灯和区域灯将自动点亮,储位灯板上自动显示领料数量,领料人员可以根据指示灯找到所需要的物料,并且可以看到要拣选的数量。

2."二拣"

领料员根据指示灯指引,找到所需物料后,根据领料看板显示数量拣选物料,在领料的同时核对所领物料与领料单是否一致。

3."三按"

当领料人员领料后将指示灯按火,系统将领料数据自动上传配送软件数据库,调配员根据返回数据下推出库存,完成出库动作。

(四)建立物资集中配送模式

传统仓库的配送模式为营业所仓库不定期地去自提物资,采用的是"一车一单"模式,这不仅造成了车辆及人员成本的大量浪费,而且仓库不能形成可控的配送方案。无人值守仓库建立后,通过利用仓储物资共享网络,设定了储备定额补库报警,根据配送系统补库报警信息,每周由物资配送中心对无人值守仓库进行补库配送。

无人值守仓库采用"一车多单"模式,系统通过对配送路线的优化,将多个无人值守仓库根据配送距离、补库物资总类等信息进行统筹运算,安排配送线路,每个配送车辆负责1条线路的物资配送,通过定期按线路补库,领料人员在营业所内就可以实现领料,缩短了物资领用时间,满足了各营业所运维物资的供应,同时也大大节省了车辆及人员成本,实现了物资集约化管理。

四、无人值守智能仓库系统

(一)AGV 调度系统

AGV(Automated Guided Vehicle),即自动导引运输车,又称移动机器人,是配备有电磁或光学等自动导向装置、可沿指定的导向路径行驶、具有安全防护和多种运输功能的运输车,主要被用于进出仓库的货物的自动搬运。

仓库内的 AGV 分拣系统由自动供件系统、分拣控制系统、分拣系统和搬运系统组成,前端工作人员供件,经自动供件系统读取货物 RFID 标签信息,并将读取的货物信息,依据预设的分拣规则,经由控制系统转化为指令,利用机器人调度系统,调度 AGV 分拣机器人按照指令运行,实现自动拣货、搬运、整个过程无人化,每个环节无缝衔接。

工作流程:由机械手从传送带上抓取货物,扫描货物上的标签,获取任务目的地,将信息输入调度系统,AGV 将货物运送到指定地点,完成分拣。

(二)身份信息识别系统

无人值守仓库以软件技术为基础,通过内网安全网络平台,制作仓库禁识别卡。识别卡分为人员权限识别和任务单识别,只有开通权限的人员在有拣货单的情况下,才能通过员工卡刷卡进入无人值守仓库,系统自动记录进入仓库的人员信息、时间信息以及领用物料信息。

(三)信息化物资配送系统

通过研发仓储管理、运输管理、配送管理、数据分析管理和 RFID 数据管理模块,打造一体化物资调配送管理平台。经由每个数据接口时接收凭证信息,并自动生成物流订单,然后调配员根据生成的物流订单类别进行细化处理,下推任务单。系统通过运算进行策略分析,对操作人员、配送车辆、配送路线进行任务分解和指派。

(四)智能监控报警系统

传统仓库管理基本依靠人力的投入,工作人员对仓库的存储情况进行掌控,管理仓库存在人员的浪费;以往的监控还停留在纸质版记录,工作人员对仓库的信息盘查检验,存在仓库信息更新滞后的问题。仓库作为制造管理的核心,在物联网技术改造升级的背景下,实现仓库的监控报警系统更有利于无人仓库的发展。

智能仓库处于无人看守状态,一旦失窃,可能在事发相当长时间才能获悉,同时,许多小型家庭库房也处于无人看守状态,因此研制的电话报警系统具有重要意义。

1. 整体方案

专用自动报警话机通过仓库话机并接连入电话交换网,自动报警话机不影响原户主话机的使用,并能自动检测安装在门上的失窃传感器状态,一旦发现有人非法打开仓库房门,在规定时间内自动响应报警话机,告知有人非法闯入。如果指定响应报警话机忙或无人接听,可连续拨直到接通为止。该系统安装方便、使用简单、成本低,多用于无人值守仓库,失窃传感器为磁性簧片开关,安装在门缝空隙中,监视门的当前状态。当门打开时簧片开关与磁铁的距离发生变化,磁场强度和磁场分布发生变化,导致开关动作,报警电话检测到此信号即刻反应。

2. 摄像头

各无人值守仓库配备红外高清摄像头,物资调配室调度员可以通过调节摄像头的角度和焦距,对仓库进行检查,了解仓库运行环境和物资的状态。同时在仓库有领料进行时,可以对领料人员和领料物料进行核对,防止发生误领以及非工作人员入库的情况。摄像头应为 24h 录制,自动将影像保存在后台服务器中,便于之后的调查取证,通过后台数据库信息对仓库进行远程检查,提高仓库的安全性和规范性。

3. 系统流程

系统平时处于戒备状态,随时监测仓库门的状态。一旦仓库门被打开,在规定时间内可判断是非法闯入还是正常进出,这可以通过进入者输入密码或人脸识别来操作。如果是编内人员进出,用户或管理人员可以正常在屋内进行工作,关闭房门,系统会进入到监控状态。如果是非法闯入,则向指定地点话机报警,报警后等待相关人员到达处理,处理结束后继续进入戒备状态。

(五)GPS车辆管控系统

目前国内仓库运输车辆管控方案主要有跟踪定位、道闸控制和视频监控等手段,该类系统可对工作车辆进行实时定位,调度人员可实时掌握卡车的行驶轨迹,并可查询其历史行驶轨迹。可跟踪定位技术配送管理系统以GPS技术为参考,创新研发车辆管控模块,配送系统会将任务中所需求物料的规格型号、需求单位、种类数量等基本信息传送到车辆管控模块,车辆管控模块根据系统配送策略,优化配送路线并指派智能车辆。接收任务单后根据系统提示路线运行,调配中心可以通过车辆管控系统实时监控配送车辆运行路线及运行状态,当车辆改变路线或非正常行驶时,系统自动产生报警信息,调度员可在第一时间掌握配送车辆信息。

(六)RF1D位置感知系统

射频识别技术,即通过电子标签来识别特定货物,其初衷就是将人从庞大复杂的手工劳动中解放出来,提供物体快速化的自动识别,为信息系统处理提求日益增加,特别是能及时感应物品位置信息的智能货架。构建及时感知物品位置信息的智能货架系统,可以实现感知货架上货物与位置对应的功用,及时感知物品在货架中错放、漏放等问题。

工作原理:RFID系统工作时,阅读器先通过天线发送具有一定频率的射频信号,然后当RFID标签进入阅读器的工作区域时,其天线会产生感应电流,使RFID标签获得能量被激活并传递自身的编码等信息给阅读器。

以RFID技术为基础的物联网,使用RFID技术建设了无人值守仓库,并通过给全部的货物贴上RFID标签,在现有仓库基础上构建货物的信息网络。系统各部分的子仓库彼此可以协调工作,达到整体优化。

(七)物资变更反馈系统

为了及时掌控库存物资储备信息,自动反馈领用数量规范作业,人员按订单领料,研发了数据识别反馈系统,应用重力传感设备感应存储。将物资质量信息自动换算为数量,当领用人进入仓库领料时,自动将领料人信息、正在领用信息传回数据库,数据库自动对执行订单的人员信息和领用信息进行匹配。若存在差异,自动在软件操作界面生成警报,同时警示灯进行声光警告提醒。

五、应用在智能仓库领域的汽车技术

应用在智能仓库领域的汽车技术具体可分为以下几方面。

（一）货运条码技术

汽车技术在智能仓库领域的应用首先是货运条码技术。货运条码技术具有极其重要的作用，其应用在现代物流领域得到了重大突破。在商品的运输过程中，借助其他先进技术对汽车货物的条码进行扫描，可快速得到有关货物的信息库存及各种信息，大大提高了仓库的效率，减少了人工工作量，方便了工作人员对货物进行进出库，为商品运输提供了可靠信息，减少了工作上的失误和运输错误出现的概率。

（二）汽车监控技术

在现代物流领域中，汽车监控发挥的作用不可替代。随着经济的发展，监控技术逐渐应用于物流仓库领域。网络技术的普及与远距离通信技术的有效融合，形成了汽车监控技术，因其含金量较高而被广泛使用。尤其是GPS定位技术，在物流中应用可实现实时监控，掌握物流运输动态，监控车辆行驶信息，及时解决货物在仓库运输中丢失的问题。

（三）汽车大数据技术

汽车大数据是利用车联网、大数据等技术，实现汽车运行数据采集、存储、分析挖掘，对大量汽车特别是新能源汽车的日行驶海量数据进行整理。利用大数据分析和挖掘技术，自动建立汽车的运行模型，模型主要包括车辆运行情况分析、能耗管理、驾驶行为分析、发动机运行状态分析，对汽车运行实时监控与故障提前预警等内容。大数据技术结合汽车监控技术与货运条码技术存在相似地方，大数据技术是以现代科技作为载体，通过互联网技术，构建完善的物流管理系统，对货物进行科学调配，提高运输效率，大大缩短仓库运输周期。

六、无人值守智能仓库的成效

（一）管理效益

管理效益体现在以下三个方面。

1. 提升了仓储管理信息化水平

通过结合门禁、RFID、EAS、视频监控等安全技术，条码与扫描等信息转化与采集技术，供应商寄售等先进管理手段，建立了"无人值守"寄售模式和智能安防自助式仓库，使功能得到延伸，创新物资管理在"云大物移智"时代的工作模式，提升了物资管理信息化水平。

2. 提高了库管员的工作效率

"无人值守"自助仓库上线前，库管员在仓库每天的发货时间约3h，"无人值守"自助仓库上线后，库管员无需跟随发料，每天将节约3h，可以投入更多的精力放到智能仓库管理与分析上，有效解决了改革后人员精简与物资精细化管理的矛盾，满足了企业高质量发展需要。

3. 提升了现场领料和晚班领料的工作效率

以传统制造业企业为例，在晚班紧急消缺的情况下，原来物资领料出库时间一般花费几个小时，现在平均领料时间约为几十分钟，大幅减少了现场领料、应急、晚班等各种工况下领料所耗时间，间接提高了生产检维人员的检修和维护响应效率，为机组尽早投入生产运行和提高发电量提供了有力保障。

（二）经济效益

缩短了物资配送时间。无人值守智能仓库极大地减少了在物资配送上所用的时间，可以有效减少客户的等待时间，大大提高了客户满意度。可提升每年营业收入，节省第三方配送运输费用。智能仓库集智能补货提醒、自动盘点等功能于一体，采用大数据分析，制定合理的补仓计划，降低了第三方配送车辆运输和人工费用，使得储备物资及应急物资领用调拨次数减少。

七、无人值守智能仓库的推广

提供无人值守服务为快递运输业运行稳定提供了物资支撑，是物流管理的重要实践性探索。电力物资部门通过各系统采集的"云数据"，分析、优化物资配送的线路和周期，定期优化整合物资资源，根据各小库的物资消耗情况调整储备定额物资，从而降低了库存占用的资金，提高了库存周转率和轮换率。仓库各区域划分合理、物品摆放整齐、储位安排科学，存放空间利用率显著提高。

构建该仓库的自助应用模式，给物资保障工作提供了非常有效管理支撑、数据支撑和工具支撑，提高了物资运行管理的水平和能力。通过与物资系统对接，结合物联网、安全门禁以及可视化视频监控技术，实现了现场进出库的智能化安全管理，替代了传统的手工记录进出库信息的方式，减少了仓库管理员的工作量，提高了现场进出库的管理效率和安全性。

（一）京东无人智能仓库

京东商城非常重视物流服务，不用与第三方物流公司合作的物流模式而启用自建物流系统的物流模式，并率先提出"夜间配""限时达""极速达"等新颖的物流配送服务。

京东的无人仓库是全流程无人仓库公司，该全流程无人仓库可实现货物从进库、分拣、包装、存储及配送等一系列环节的智能化和无人化。无人仓库的工作作业环节主要含有入库作业、订单拣选作业、存储作业及打包作业等，在这个过程中涉及的自动化设备主要有机械臂、自动穿梭车、物流机器人等。全品类以及业务流程全部实现无人作业，其系统遵守五自法则——自感知、自决策、自适应、自诊断和自修复能力，在以后，京东的这种无人仓储作业模式将会被引用到所有的业务和品类。

京东无人仓库核心技术主要包括自动存储、混合码垛、视觉检验、自动拣货与分类等。例如，在货物进入仓库、打包等环节，京东无人仓库装配了三种不同的六轴机械臂，并被应用在入库装箱、混合码垛、拣货、分拣机器人供包这四个场景下；在分拣场景中，京东又引进了三种不同的智能搬运机器人来完成任务。在以上的四个场景中，京东还分别使用了2D视觉识别技术、3D视觉识别技术及由红外测距与视觉技术组成的2.5D视觉技术，为这些智能机器人装上了"眼睛"，使机器与环境进行主动交互。

在硬件方面，京东针对仓内作业研发了地狼货到人系统、天狼智能存储系统和AGV"小红人"分拣系统等，这些系统能够覆盖仓内作业的绝大多数场景。

在软件方面，京东也自主研发了一个能够操控全局的智能控制系统——"智能大脑、从货物仓储到拣货、打包，再到货物分拣、出仓，全部环节的无人化操作都由"智能大脑"自主决策和指挥。京东无人仓还规模化地投用了天狼穿梭车、分拣机器人、智能叉车、输送分拣、地狼 AGV、视觉机械臂等多种产品。

作业无人化方面,京东无人仓不管是单项核心指标、各种设备的稳定性,还是各种设备的分工协作能力都能达到一个极致化的高度。京东无人仓也创造了很多个单项指标的物流行业记录。其单日分拣的能力达到了几十万单,同时,无人仓还使用了人工智能、物联网、自动包装、自动立体式存储、3D 视觉识别等多种前沿技术,兼容并蓄,实现了各种机器、系统、设备之间的高效协同。

运营数字化方面,京东无人仓是一个非常复杂的系统,最能够体现出其智慧性的地方,并不是其遵从指令进行执行、操作的能力,而是其自主决策、判断、纠错及自我修复的能力。在运营过程中,与包装物、条码、面单有关的数据信息要依靠系统采集与感知,出现异常后要自己能判断。比如,在无人仓的大型分拣区内,"小红人"有序地完成取货、扫码、运输、投货。依靠智能导航和视觉识别技术,"小红人"能以最优路径来完成商品的拣选。当出现常规故障时,小红人能在短短 30s 内进行自我修复。事实上,运营数字化就是为无人仓库装上了"大脑""眼睛""胳膊"和"腿",把它变成了一个强大的"人工智能"。

决策智能化方面,京东无人仓的建立,不仅大幅度地减轻了工人的劳动强度,使作业效率提高到了传统仓库的 10 倍多;而且仓储环节作为整个供应链体系的核心环节,在无人仓的智慧化下,能够驱动上下游的协同决策,使其及时响应,进而使整个社会、全供应链之间达成协同、智慧化,最终使整个社会的物流成本、体验、效率达到最优。

从投资价值来看,京东无人仓是一次京东在智能化仓储方面的大胆创新。其智能化、自动化设备覆盖率达到了 100%,能够应对电商多变的订单业务形态,大大缓解了节日订单量暴涨所带来的压力,满足业务发展需求无疑是京东持续进行物流技术创新研发的动力,因此,京东无人仓更加坚定了京东物流对无人技术、智能技术的发展。

(二)电力公司的无人值守仓库

电力行业作为基础民生的保障行业,为满足公众日常需求,电力企业需要保证在任何时刻都能进出仓库作业,保证抢修物资的供应。目前该企业仓管员少,无法保证 $7\times24h$ 均有工作人员值班,对于晚上抢修引起的紧急领料,维修人员只能在仓管人员不在现场的情况下领料。由于仓管系统操作频繁,维修员领料匆忙,容易出现物资信息与实际领用物资不符的现象,导致账务不一致,为今后的仓库工作带来极大困难。

依据电网公司的现状,结合物联网技术设计了电网公司无人值守仓库的方案。

1. 仓库管理现状

该公司存在三种类型的仓库:备品、备件仓库和输电仓库。在仓管员下班后,出现维修人员越过仓管员进行出库作业的情形主要发生在备品、备件仓库,因此该案例主要针对备品、备件仓库。

仓库物资特点:存储的物资数量约有两千多件,大部分为小件、金属物资。

仓库物资管理方式:出于电力安全要求,物资表面不能粘贴任何标签。

仓库出库量:根据近一年出库记录统计,该仓库单次出库的物资数量平均为 8 件,且同一时间只有一个紧急领料作业。

仓库紧急领料作业现状：紧急领料时，维修员需先通过电话向仓管员申请紧急领料，仓管员确认后，维修人员使用钥匙打开仓库门。维修员拣选所需物资，使用手持终端逐件扫描物资记录卡上的条码，并填写物资的领取数量。完成物资拣选后，即可离开仓库进行抢修工作。

2. 无人值守仓库设计

针对物资识别操作繁琐的问题，使用先进的物资识别技术，实现物资的批量识别，同时优化出库流程，减少仓管系统的操作，便于维修人员进行紧急领料。针对出库物资与作业人员不匹配的问题，使用门禁系统识别出库作业人员身份信息，便于确认实际领料的维修员。根据物资识别技术的不同，提出方案：使用 RFID 技术实现出库物资的批量识别，简化仓管系统的操作。

在基于 RFID 的无人值守仓库中，在不改变仓库原有货架布局的基础上，使用 RFID 技术代替原有的条码技术，对仓库内的物资逐件进行包装以及贴标操作，使其配备电子标签，并在仓库内单独设置 RFID 识别区域以减少金属物资对 RFID 电子标签识别的干扰。出库时可通过手持终端或固定 RFID 读写器进行 RFID 标签的批量识别，不需要填写物资数量，在确认扫描识别的物资信息与实际领用物资一致后，即可离开仓库进行抢修工作。同时利用门禁系统，在完成出库的同时，将出库物资信息与出库人员身份信息绑定，生成出库记录。

物资的条码标签粘贴在对应的物资记录卡上，并挂在物资所在的货位下以进行物资识别。相比现有的紧急领料流程，该方案使用 RFID 批量识别物资信息，不需要维修员填写领用物资信息，降低物资记录出错的可能性。同时仓库均设有门禁，可以识别紧急领料作业人员的身份信息，实现出库物资与作业人员的匹配。

第三节　无人驾驶物流专用车辆

一、机场行李转运车辆

机场的专用车有很多，其中行李转运车是最常见的一种。行李转运车是用于飞机装卸行李、包裹及邮件等货物的专用设备，一般会在航班前一个半小时到达作业场地，待行李全部装载完成后，就会送至飞机货舱。

根据转运车的结构和使用功能，行李转运车可以分为自行式、拖挂式和厢式。厢式行李转运车兼有运输与装卸功能，但效率相对较低，适合于传输行李、货物较少的场合。

自行式行李传送车主要由汽车底盘(自制)、前升降机构、后升降机构、输送带架、液压系统及电气控制系统等组成。其底盘采用全液压(或电机)驱动、无级变速、液压转向、硬置式前后桥，具有整车高度低、低速行走稳定性好、操作简单方便、应急操作设置完备、产品升降范围宽、承载能力强、适用面广等特点，可满足所有飞机机型的使用要求。

拖挂式行李转运车由自行式车头和后部位置的拖挂厢组成，虽然运输效率相比自行式行李传送车较低,但是其灵活性和长距离运输特性而在机场得到广泛应用。

行李转运设计要求:行李转运车制造商必须具有中国民航总局核发的民用机场专用设备审定合格证,行李转运车设计一般需要满足以下几点要求。

（一）强度要求

专用车底盘结构、输送带以及支撑框架结构、前后的升降结构等应该满足最大载荷要求。

（二）安全性

行李转运车作业时,传送机构均是旋转状态,需设置多种安全防护以保证工作人员的安全;同时因其作业时前端与飞机对接,后端与行李托盘对接,前后端均须设置防护装置,以保证不损伤飞机和自身。

（三）低速行驶稳定性

行李转运车作业时要与飞机对接,为保证安全、易于控制,要求其有较好的低速行驶稳定性,通常要求最低稳定车速在 2km/h(包含 2km/h)以下。

（四）可靠性

为保证飞机正常准点,降低车辆的使用维修成本,要求行李转运车有较高的可靠性。

（五）环境适应性

行李转运车应满足不同使用环境,如高温、高湿、高原、低温,通过加装特殊装置,能够适应各种作业环境。

（六）完备的应急装置

一方面能够保证在设备发生故障时避免造成严重的事故或损失;另一方面能保证车辆在不能工作情况下及时撤离飞机。

目前设计制造的行李转运车技术已非常成熟,其安全性、可靠性都得到很大提高;绝大多数生产商使用自制底盘。未来行李转运车将沿着如下几个方面发展。

1. 动力越来越环保

内燃机排放等级逐步提高,油电混合动力行李转运车、纯电动行李转运车已从研发阶段步入初步试用阶段,相信将来行李转运车电动化趋势会越来越明显。

2. 减轻作业人员劳动强度

越来越多地应用柔性动力传输系统。该系统设置于行李转运车前端,使用时由工作人员控制,可以把货物传到机舱内任意位置,不需要人工长距离搬运货物。

3. 关注操作人员的安全性、舒适性

随着社会发展和技术进步,越来越多地应用安全措施,以尽最大可能避免工作过程中设备故障、缺陷和误操作造成的伤害,如距离检测装置、运动件和固定件间的防护装置。

4. 提高设备舒适性

减震良好的悬架系统、空调系统开始配备到行李转运车上,在一定程度上提高了驾驶舒适性。

5.拖挂式行李转运车的应用更加广泛

拖挂式行李转运车具有操作简单,采购、维修、使用成本低、车辆尺寸小等优点,同时可以增加辅助动力行车系统,减轻操作人员工作强度。

二、码头无人物流转运车辆

码头集装箱自动化、无人化装卸,是港口未来的技术发展趋势。对于现阶段正在运行的集装箱码头,进行自动化、无人化装卸改造是一种可行的产业升级方式。近年来无人物流转运车的快速发展,在码头运输方面创造了无限可能,同时也以较低的成本,解决了集装箱码头现阶段的发展瓶颈。目前,自动化、无人化集装箱码头的技术实现方式主要有以下两种。

(一)自动导引车(AGV)加地面埋设磁钉方案

自动导引车(AGV)是一种使用无人驾驶技术的特种运输车辆,通过对码头工作场地进行磁钉设备的大规模改造,可在传统作业和无人作业的混合码头工作,可以在既定的轨道上行驶,安全系数也非常高。

(二)无人驾驶卡车方案

自动驾驶卡车能够自动化、无人化地进出码头和堆场工作场景,无人工干预的情况下直接将集装箱运送到指定的地点,大大地缩短运输这一环节的时间。自动驾驶卡车安装了激光雷达、高清摄像机、毫米波雷达、智能计算单元、北斗定位系统等设备,可以完成道路行驶、集装箱卸货、精确停车、有障碍物时发出响应等指定的动作,实现了集装箱从卸货装货到运输的完全自动化无人化。为了适应全天候的作业环境,搭配了精度更高的传感器和处理器,可以确保在昼夜、雪天、雨天、能见度低的其他恶劣环境及现场人员、车辆和作业设备的复杂环境中满足港口24h全天候生产运行的要求。

1.无人卡车管理系统

无人驾驶卡车在集装箱码头安全稳定高效运行,需要多个系统相互配合,其中主要包括集装箱码头生产系统(Container Terminal Operating System,CTOS)、集卡调度系统(Track Control System,TCS)、无人驾驶系统、设备对位系统(Chassis Positioning System,CPS)等。

CTOS是负责集装箱码头生产的核心系统,它管控码头中各项作业流程,在业务人员的控制下有计划地激活作业指令、分配作业设备、监控作业指令状态。在集装箱码头内集卡无人化改造的系统规划中,CTOS是作业指令的提供者。

无人驾驶车的车辆管理、路径规划、任务调度、工作状态监控都由TCS完成。TCS在无人集卡作业的各个关键节点,给出最佳作业指令和路径,并监控无人集卡行驶过程中出现的异常,进行预警或者提供异常处理决策。

无人驾驶系统是操作无人卡车完成作业任务的主系统,它是无人卡车任务的"执行者"。通过无人驾驶技术完成内集卡改装,实现无人集卡自动驾驶。

CPS是一套辅助大型装卸设备(桥吊、龙门吊、堆高机等)与集卡进行位置匹配的对位系统。在龙门吊预先到达作业位置时,可提前介入辅助内集卡停车到位,提高内集卡一次停位成功概率;在龙门吊滞后到达作业位置时,协助卡车对位微调,保证卡车与设备相对位置相匹配，使作业安全顺利进行。

在卡车上搭载车载无人驾驶系统可实现单车无人驾驶。该系统使用基于人工智能的机器学习算法，根据各类车载传感器采集的周边环境信息，进行目标检测、识别、分类、定位和集卡的运动预测。环境感知模块负责获取集卡上安装的各种传感器所采集的信息，并将这些信息通过算法融合到一起，从而更加准确地感知当前集卡行进道路上和道路周边的环境信息，再将融合感知得到的信息传递给依托于高精度地图的高精度定位模块和无人驾驶决策规划模块，实时计算集卡的自动行驶轨迹，最后将运算结果持续传给底盘控制模块。底盘控制模块在操控无人集卡根据当前的路况进行车道保持、自动避障、自动转向和加减速等一系列动作，使无人卡车按照作业指令的要求，在规定时间内自动行驶到作业目标位置。在整个水平运输作业过程中，车载无人驾驶系统会通过无线网络持续向服务端的车队管理系统上报当前集卡的位置、状态等信息。

2. 无人卡车在码头应用场景

（1）装船作业

无人卡车车队管理系统下发装船作业调度指令到指定卡车的车载无人驾驶系统。车载系统控制无人卡车自动行驶到堆场指定位置完成取箱。无人卡车再自动行驶到岸边指定岸桥下，与岸桥交接完成装船箱作业。

（2）卸船作业

无人卡车车队管理系统下发卸船作业调度指令到指定卡车的车载无人驾驶系统。车载系统控制无人卡车自动行驶到指定岸桥下，与岸桥交互完成卸船箱压车。无人卡车再从岸边运输集装箱到堆场目标位置，完成卸船箱落场作业。

（3）岸边中转作业

无人卡车车队管理系统下发岸边中转作业调度指令到指定卡车的车载无人驾驶系统。车载系统控制无人卡车自动行驶到指定岸桥下，与岸桥交互完成卸船箱压车。无人卡车再自动行驶到装船作业岸桥下，与岸桥交接完成集装箱装船作业。

（4）场内移箱作业

无人卡车车队管理系统下发场内移箱作业调度指令到指定卡车的车载无人驾驶系统。车载系统控制无人卡车自动行驶到指定位置与场桥交接完成取箱压车。无人卡车再自动行驶到移箱的目标位置，与场桥交互完成放箱落场工作。

3. 无人卡车作业流程

在系统整体处理流程中，先由码头生产系统生成水平运输作业指令并发送给无人卡车车队管理系统。无人卡车车队管理系统收到作业指令后会将指令转换为拖车调度指令，并选择最合适执行当前指令的无人卡车，通过无线网络，将调度指令下发到该卡车的车载无人驾驶系统；同时根据卡车当前的位置和状态，规划出本次水平运输作业的行驶路径，规划路径也会通过无线网络下发到车载无人驾驶系统。车载无人驾驶系统接收到调度指令后，根据规划路径，规划车道的行车路线，自动避障和控制卡车车速，使无人卡车在指令规定的时间内自动行驶到作业地点。然后,无人卡车与港区内的其他作业机械协同作业,完成集装箱的交接,最终完成本次集装箱的水平运输作业。无人卡车将等待车队管理系统下发新的作业调度指令,再启动下一次自动水平运输作业任务。

三、智能工厂物流转运车辆

近年来,随着无人技术的发展,无人化、智能化、网联化的物流模式已然形成。在工厂里,无人车减少作业接触的同时也切实保障物流畅通循环。

目前应用于工厂中的无人物流车,较为先进的是L4级自动驾驶车,这种自动驾驶在某些环境和特定条件下,能够完成驾驶任务并监控驾驶环境。这个阶段下,在自动驾驶可以运行的范围内,驾驶相关的所有任务和驾乘人已经没关系了。但似乎驾驶舱还是必不可少的,不能完全取消人为控制的操作部件。

在室外暴雨等恶劣天气的环境下,无人操作必须保证安全快速地作业。工厂无人物流解决方案由具备L4级自动驾驶能力的无人车和一套功能强大的云端智能运营管理系统构成。无人车内搭载一款全功能智能驾驶控制器,可通过融合部署在车身周围的激光雷达、摄像头、超声波雷达等多类传感器的感知数据,结合无人驾驶核心算法,实现在多种复杂工厂场景下的无人驾驶。借助云端智能运营管理平台,为厂区无人物流运营提供多车协同、调度、远程控制、数据分析等功能服务,大大提升了无人物流运营的管理效率与安全性。

自动驾驶系统由感知层、决策层和执行层三个部分组成。

(一)感知层

主要是为自动驾驶系统获取外部行驶道路环境数据并帮助系统进行车辆定位,当前无人驾驶系统中代表性的传感器有激光雷达、摄像头、毫米波雷达、超声波雷达、CNSS/IMU等。由于其工作原理、技术特性各不相同决定其适用的应用场景各异,因此当前大部分车辆都是采用多种传感器相融合的方式以应对各种可能发生的情况,保证系统冗余。

(二)决策层

高阶自动驾驶能否快速工程化应用的最关键因素,包括计算能力和相关算法。传感器每秒钟都会产生大量数据,计算平台需要有能力在极短时间内对大量的数据进行处理、分析并给车辆执行层下达操作指令以保证自动驾驶车辆的安全行驶。

(三)执行层

自动驾驶系统在做出决策后,替代人类对车辆进行控制,反馈到底层模块执行任务。车辆的各个操控系统都需要能够通过总线与决策系统相链接,并能够按照决策系统发出的总线指令精确地控制加速程度、制动程度、转向幅度等驾驶动作。

技术创新的本质是创造价值。对于无人驾驶而言,去安全员是其大规模商业化落地的关键。只有把车辆的驾驶操控和感知、规划、决策任务完全交由无人驾驶系统执行,才能真正创造"无人化"的商业价值。

四、智能粮食物流专用车辆

(一)概述

粮食物流是始终贯穿粮食从生产到消费整个产业链的纽带。实现粮食四散化即散储、散装、散运、散卸是提高粮食流通效益的必由之路,也是粮食行业实现现代化的重要标记。因此,加强现代粮食物流技术研发,对提高粮食流通效率、降低粮食流通成本、提高中国粮食国际竞争力、增加国家对粮食市场的应急调控能力都具有十分重要的意义。

智能粮食物流专用车辆技术的发展必须充分利用前沿数字化和智能化技术。其中,5G以划时代的技术能力、广泛的应用前景以及对其他技术的带动作用,有望成为启动新一轮技术革命的关键支点。5G是新一代信息技术的重要支柱,从物流行业应用来看,目前京东、苏宁、菜鸟等均在纷纷探索5G技术等应用场景。

借助5G技术大规模普及和应用的契机,以提高粮食物流转运行业的智能化水平为出发点,将智能粮食转运系统和5G有机结合起来,有利于提升整个粮食物流装备领域的技术进步,实现粮食物流装备产业升级。基于5G的智能粮食物流专用车辆技术具有以下优势。

1. 实现局域网络连接的大带宽和高可靠性

在智能粮食物流专用车辆和自动化粮仓建设中,管理系统与各设备、传感器之间的网络连接至关重要,5G主要是作为仓库物联网的网络连接计算,可以使管理系统与运输车辆、仓位、货物定位等进行实时连接并进行信息传输。仓库内多台智能粮食物流专用车辆全天候实时运行,需要传输大量的数据信息,因此必须保证网络数据传输的可靠性和效率,不能出现离线、延时等情况,一旦网络连接不畅或掉线,就会造成车辆停运,影响仓库的正常运转。

2. 实现粮食库内转运可视化和可追溯化管理

为监控粮食转运的情况,在智能粮食物流专用车辆及入库缓存位等位置均安装相关的传感器,通过5G网络相互连接,可实时定位货运位置,通过看板实时监控散粮的运输情况,一旦发生故障,可及时查看并追踪散粮位置,避免造成浪费。采用5G联网技术可实现物流运输的可追溯化、可视化管理的目的。仓库管理员可根据智能终端及时更新的信息,了解散粮的最新物流状态,以提高管理效率。基于管理系统的可追溯性、可视化特性,可以完成物流运作过程的实时监控,保证信息及时传递,正确反馈,保证物流安全。

3. 实现整个粮库内散粮物流的信息化和智能化

5G技术可以实现系统、终端、设备的实时联网,形成仓库区域内的物联网,在物流运作环节,有利于动态信息的获取,有利于物流的全程监控,而信息的获取和全程监控又离不开物联网技术。通过5G技术可以随时了解仓位情况,散粮及车辆自动化运转,提高运作效率,实现整个物流的信息化、透明化、智能化,减少了不必要的运作成本,从而提升了效益。

(二)基于5G的智能粮食物流专用车辆转运系统总体架构

依托5G通信技术,建立5G专用网络,实现大上行带宽、低控制时延、多设备接入的通信应用,完成智能粮食物流专用车辆转运系统中的人、车、库区的一体互联、整体调度及管理,将智能调度技术、多传感器融合技术、北斗定位导航技术、工业互联网技术、智能制造技术与5G技术相结合,实现了粮食的自动转运、入仓和出仓匹配,实时库存管理与粮情监测、仓储管理信息系统与无人转运车辆无缝衔接、专用车辆跟踪定位等场景。

基于5G网络的智能粮食物流专用车辆转运系统,主要包括联系密切的四个子系统,分别为粮库库房进出粮装备智能制造系统、智慧粮库仓储管理信息系统、智能粮食物流专用车辆自动驾驶系统、专用车辆路径规划与车辆编队调度系统。

1. 粮库库房进出粮装备智能制造系统

进一步可划分为数字化加工、设计、产品数据管理系统和云制造服务平台。通过5G通信技术,将加工、设计和产品相关数据上传数据管理系统,利用5G网络大速率、大连接和低时延的特点,结合VR/AR/MR等数字化粮食装备开发技术,研发粮食库房进出粮设备的移动式粮食输送装备数字化制造工艺,优化设计移动式粮食清理设备,设计制造智能打样、智能称重数字化装备产品。面向复杂粮食储运工程实际环境,基于数字孪生技术,研发库房进出粮设备快速加工制造理论方法,制定进出粮智能设备的测试和质量检测标准。将所研发的制造工艺、质量标准、理论方法及产品等大数据上传云制造服务器,结合深度学习,完成数字虚拟数据的快速准确转换,研发需求—设计—生产三者之间闭环信息快速直达的云制造服务平台。基于云制造服务平台,研究不同场景下的系列化平台车集成开发技术,开发能适用于智慧粮库多应用场景下的通用化、模块化的智能粮食物流专用车辆平台产品。

2. 智慧粮库仓储管理信息系统

包括粮库视觉与粮情监控、无人粮食车辆设备管理系统两部分。现代粮库是一个多系统、多层次的复杂系统,一方面要排查安全风险、检查设备运转状况、保证工作人员安全;另一方面要安排粮食转运、入仓和出仓。代替现有"摄像头采集＋中央大屏监控"的方式,结合5G技术,应用物联网视频识别技术,将各类摄像头采集的数据汇入管理系统,通过系统分析处理,进行人员识别、行为识别等功能,下发相关控制与调度指令。利用"5G＋工业互联网"技术,根据粮库实际的工作环境及作业流程,开发先进的粮情检测手段,建立现代化的粮情监控系统。无人粮食车辆设备管理系统是基于物联网信息设备,采用射频识别技术,开发粮库仓储和进出粮设备等信息自动识别方法。利用工业互联网和无线传感器理论,采用多种信息采集终端,统一管理粮库内无人粮食车辆设备等各模块数据,构建智慧粮库粮食进出库与设备管理、电子地图、安全管理等管理系统框架。

3. 智能粮食物流专用车辆自动驾驶系统

采用多传感器数据融合的智能感知算法与路况信息深度学习算法,以感知、融合、决策、控制为过程,以"强弱感知＋超强智能"为技术路线;基于"5G＋北斗定位导航"技术,确定自动驾驶车辆的定位、自身姿态信息,研究集视觉传感器、激光雷达、惯性传感器等多传感器数据融合的智能粮食物流专用车辆感知算法与路况信息数据采集与预处理的深度学习方法,进行路况信息融合,确定路况真实属性。利用坐标转换、SLAM实时定位与构图技术、目标检测与智能识别、编队巡航与跟踪等技术,进行数据的采集、预处理和决策规划,提高自我状态感知和环境感知的精度。在此基础上结合物体识别与追踪理论,研究粮食物流专用车辆的先进线控理论。基于嵌入式技术和移动互联网技术,研发智能驾驶控制器的硬软件设备。

4.智能粮食物流专用车辆的路径规划与车辆编队调度系统

为了保证智能粮食物流专用车在复杂、动态的粮库环境内的安全性和转运效率,结合5G技术的高速率和低时延的特点,采用粮库高精度数字地图、经典路径规划算法、群智能算法和粮库物流过程数据,研发基于实时数据驱动的智能全局路径规划算法。结合双目摄像头、激光雷达等智能传感器获知的车辆实时自我状态和环境感知,研究包括障碍规避等在内的局部路径规划算法。制定智慧粮库中央调度系统和各智能粮食物流专用车之间的协调规则,建立包括全局和局部路径规划算法在内的分层式协同规划体系,攻克多输入多输出粮库场景下的多物流车路径规划难题,大幅提高粮食转运效率。面向绿色生态、智能增效的需求,设计多元化的平台传感器体系布局方案,针对道路检测、障碍规避等目标,构建一体化的环境感知体系,实现平台全天候检测的需求。结合5G网络,对智能粮食物流专用车辆编队进行实时信息管理,对决策模块、执行模块进行有效设计,实现编队的任务管理、车辆的运行状态监控、设备维护状态监控等功能。

(三)河南工业大学研发的智能粮食物流专用车辆

针对粮库工作物流场景的实际需求,河南工业大学智能物流装备与车辆工程技术科研团队基于"自动驾驶+5G"技术,完成了智能粮食物流专用车辆和智能粮食转运系统的开发,用于解决传统散粮运输车存在的环保性差、智能化程度低的问题,有效改善了粮库的物流生态,构造了新型粮食进出仓标准体系。该系统主要由中央调度系统和智能粮食物流专用车辆组成,其中智能粮食物流专用车辆融合了无人驾驶技术和云端服务技术,既实现了自动化和无人化,又降低了转运成本。中央调度系统、智能全局规划和智能粮食物流专用车辆利用5G的高效率、低延时的数据传输特性与调度系统保持联系,提高路网信息共享实时性,通过协同边缘计算技术提升决策速度,从而完成路径跟踪及转运任务。该系统主要分为智能物流转运平台系统、5G智能驾驶系统、5G+智慧粮库管理系统三个子系统。

1.智能物流转运平台系统

根据粮库中粮食转运的要求,采用智能运输平台作为转运工具。智能转运平台使用交流同步电机作为动力源,以室外组合导航+室内激光雷达作为其导引方式,同时辅以自动驾驶系统、障碍规避系统、通信系统、远程监控系统等,能够完成起始点到终端卸载点之间的快速转运。它是由车体、电池组、充电系统、驱动装置、转向装置、精确停车装置、运动控制器、通信装置、装载系统和导航系统等组成。根据信息管理系统的命令,智能物流转运平台可按照指定的路径行驶。在运输过程中,通过无线通信网络将平台的实时状态和路况反馈回信息管理系统,同时可以实现状态远程监控。

从功能的角度来看,智能运输平台可以分为以下几个部分:车体系统、自主运行系统、通信系统、安全保护系统以及辅助系统。其中车体系统主要包括底盘、车身、转向系统、驱动电机、电池组等,主要完成平台的正常行驶功能自主运行系统是智能运输平台的核心,主要由导航系统和控制系统两部分组成。控制系统是智能运输平台的大脑,主要用于收集外部传感器的信息,综合安全保护系统主要是针对平台行驶过程中的紧急情况,系统快速反应并采取相应措施,从而保证平台的运行安全。辅助系统主要包括平台上的声光报警系统、外部的充电桩等。

(1)车体系统

车体由底盘、车架、壳体、控制室、上装料斗以及相应的机械电气机构(减速箱、电机、车轮等)组成,是其他总成部件的安装基础。智能运输平台具备通用电动车辆的基本结构特征,并能满足无人驾驶作业的特殊要求。车架是整个智能转运平台的框架部分,在其上面安装车轮、传感器、驱动电机和减速器。车架上层要安装伺服电机驱动器、电路控制板和电池组。车架重心越低越有利于抗倾翻,为满足粮食转运过程中强度和硬度要求,故选用钢构件焊接。

(2)动力系统

动力系统是具有速度控制和制动能力的子系统。一般主要包括驱动电机、减速器、制动器、控制与驱动电路等。驱动装置通过后轮差速控制来实现对转运平台沿不同曲率路径行驶的驱动。智能粮食转运系统选择交流同步电机作为动力源,配备了DC/AC转换模块,可以将直流转换为220V交流,为电机提供稳定的动力,该电机具有响应快速、中低速转矩性能好、启动转矩大、启动电流小、过载能力强等特点,同时具有稳定性好、维修与保养简单等优点。

(3)平台控制器

控制系统是智能运输平台的核心。加速、制动或转向指令信号输入电子控制器,通过控制功率变换器来调节电机输出的转矩或转速,电机输出的转矩通过转运平台传动系统驱动车轮转动。充电器通过转运平台充电接口向蓄电池充电。在转运平台行驶时,蓄电池经功率变换器向电机供电。制动时,驱动电机运行在发电状态,将平台的部分功能回馈给蓄电池以对其充电,并延长续驶里程。

(4)通信系统

智能转运平台的各子系统之间通过CAN总线相连接。基于CAN总线的分布式车载控制系统中,各个外围设备进行合理分组并组成各个子系统,各子系统作为各任务执行节点,组成整个分布式控制网络。该智能控制系统是一种多主式控制系统,每个节点都可以主动发起一次数据交互过程,能够实现高速、实时的信息共享和数据通信,提高了控制的灵活性。扩充节点可以实现智能传送平台向信息管理系统上报电量及可运行工作量信息,根据任务信息行驶至充电位与充电桩自动对接,充电完毕自动断电。

2.5G智能驾驶系统

智能驾驶系统是一种集信息与计算科学、感知决策、智能控制和车辆系统等技术于一身的智能综合体。通过车载传感器对于环境的感知信息,基于得到的车辆状态和周围环境信息,利用车载控制终端进行数据处理,同时辅助路径规划系统进行规划决策,并进行车辆运动控制，保证车辆稳定、安全、可靠的、自主的运行。按照智能驾驶系统的功能分类，可以分为环境感知子系统、信息融合子系统以及执行决策子系统。

(1)环境感知系统

环境感知技术是利用各类高精度传感器，平台周围环境动态感知的一类技术总称，其目标是实时、准确地识别可行驶路径、行驶状态和周围物体等信息，对于简单结构化道路环境而言，主要是车道线、道路边沿、障碍物、控制信号和位置坐标等信息的感知。而对于粮库这种限定区域的场合，传感器主要是在封闭道路上，对障碍物、特征点等进行信息采集，环境感知常用的传感器主要包括以下几类：激光雷达、视觉传感器、毫米波雷达、北斗/INS定位导航仪及其他各类辅助传感器。以粮食转运的功能为出发点，以高可靠性和稳定性为衡量标准，该智能粮食物流专用车辆采用复合式传感器的感知策略：室外以北斗/INS为主要传感器，其他传感器作为冗余配置，辅助进行感知；室内采用激光雷达为主要传感器，其他作为冗余配置。

(2)信息融合系统

基于北斗/GPS双模定位导航方法(室外场景)或5G通信技术(室内场景)，该智能粮食物流专用车辆研究集视觉传感器、激光雷达、惯性传感器等多传感器数据融合的智能物流平台车感知算法，包括姿态感知、SLAM实时定位与构图技术、目标检测与智能识别、编队巡航与跟踪等技术，提高自我状态感知和环境感知的精度。

(3)执行决策系统

路径规划算法是影响多物流平台车转运效率的关键因素，须保证在复杂、动态环境下实时规划出安全高效的路径。基于数字化仓储地图、经典路径规划算法与先进启发式算法、仿生算法，该智能粮食物流专用车辆平台研发智能全局调度算法完成了多输入多输出转运场景下多物流平台车路径规划技术研发，大幅提高了散粮转运效率。

第四节　物流车辆仿真及物流系统数字化设计

一、智能物流车辆仿真

计算机辅助技术，如CAD、CAE、CAM、CAPP等技术的发展使得产品设计、工艺规划和生产制造水平发生了巨大的变化。CAD技术的主要工作是完成产品的设计，CAE技术的主要工作是分析产品的各项物理化学性能是否达到设计要求，CAM技术的主要工作是产品加工制造的数控加工方法编写，CAPP技术的主要工作是产品生产工艺的制定。对于新时代发展要求的智能物流装备与物流车辆，上述技术已不能满足行业发展要求，新型的数字化设计，包括智能物流装备及物流车辆设计、智能工厂的数字化设计及智能物流车辆的仿真，成为新时代的发展趋势。

高级驾驶员辅助系统(Advanced Driving Assistance System，ADAS)与自动驾驶仿真，

则是新时代智能物流车辆仿真的最重要两个部分,其与自动驾驶汽车系统的研发是智能科技发展的新结晶,此技术的实现需要传感器技术、机器学习和人工智能方面不断取得新的发展。人工智能首先需要解决的问题是机器感知。自动驾驶车辆的计算机不仅具有识别其他车辆、行人、路标、道路标线、建筑物、树木、信号灯等其他目标的技能,同时还需克服夜晚中的黑暗、雨雪天气等恶劣驾驶条件下的识别问题。

ADAS 与自动驾驶汽车仿真的内容主要包括以下六个方面。

(一)驾驶情境系统仿真

利用全自动或半自动汽车的系统级行为模型进行综合全面的驾驶情境仿真,这类车辆模型包含所有传感器、控制系统、驱动系统和车身,并被放置在包含道路、建筑物、行人以及路标的虚拟驾驶环境里。在这种仿真环境中,可以迅速评估多种驾驶情境,以便测试汽车传感器、控制算法和驱动系统在相应条件下是否都按照预期进行工作。从本质上讲,自动驾驶汽车技术与 ADAS 系统是控制环路,包含物理领域、传感器、控制器和制动器这四个基本要素。当汽车在物理世界中行驶时,传感器会感应车辆周围的物体,控制器会根据所感应到的物体做出决策,而制动器会依照控制器的指令驱动汽车。

(二)软件与算法的建模及研发

与硬件研发一样,仿真在软件研发中也发挥着至关重要的作用。在研发和测试信号处理例行程序、传感器融合算法、物体识别功能、控制算法和人机界面(HMI)软件时,利用基于模型的软件研发技术可使软件更加稳健、安全、不易出错。

基于模型的嵌入式软件研发技术以及经过 ISO 26262 认证的代码生成器能明显加快嵌入式软件的研发过程。一旦软件模型经过验证,就能确保所生成的代码不会出现错误,从而能够消除代码的单元测试工作,将软件研发的工作量减半。

ANSYS 仿真平台中的安全关键型应用研发环境软件研发套件包含基于模型的软件研发工具和 KCG 代码生成器,KCG 代码生成器将包含状态机和数据流的 SCADE 软件模型作为输入信息,即可输出等效的 C 代码。

(三)功能安全性分析

ADAS 和自动驾驶系统显著增加了汽车系统的复杂性,它们不仅可能会造成更多故障源,还会引起更多的故障级联路径。由于 ADAS 和自动驾驶系统从本质上需要极高的安全特性,因此任何故障都很容易导致严重甚至致命的后果。这类复杂系统的功能安全性分析非常繁琐,不仅容易出错,而且还极易出现漏洞和缺陷。因此,自动化的功能安全性分析工具对于确保 ADAS 和自动驾驶系统的安全性必不可少。

(四)传感器性能仿真

传感器是自动驾驶汽车中需要研发的重要新组件。仿真技术可利用高保真度的物理分析来预测传感器(例如雷达、V2X 天线和超声波传感器)的性能。例如,仿真技术可以在低成本的付出和时间消耗条件下,测试驾驶状态中雷达的工作状态。此外,当雷达被安装到汽车以及在雨雪天工作时,仿真技术还能对其性能变化进行计算,可以准确了解真实情况下的雷达工作状况，而所需的成本和时间仅为现场测试的一小部分。

ANSYS仿真平台包含一个电磁场求解器（HFSS高性能结构仿真器）和一个射线跟踪求解器（SBR+弹跳射线法），这些求解器可用于执行汽车雷达的高保真度仿真。借助于仿真模拟技术，雷达的研发可以加快应用，主要有四个应用场景。

1. 隔离的雷达仿真

在自由空间中对雷达进行的仿真。在这类仿真中执行快速参数研究，以优化天线罩的几何与材料设计。

2. 对已安装雷达进行仿真

对安装到汽车上的雷达进行仿真，以确定因汽车格栅或保险杠阻挡而导致的雷达性能劣化问题。

3. 对处于真实环境中的雷达进行仿真

在包含真实车辆、建筑物、行人、树木的大型真实环境中对雷达的性能进行仿真。鉴于雷达的输入信号，雷达在脱虚拟环境中"观察"得到的数据情况来计算雷达接收天线上的输出信号。

4. 对驾驶情境中的雷达进行仿真

使用高保真度雷达仿真的降阶模型（ROM）能够创建出快速执行的高精度雷达模型，并将其应用到驾驶情境仿真中。

相同的仿真工具还可用来研发和布局V2X通信天线，并确保真实情景中的信号完整性，例如当真实车辆或建筑物阻挡了两辆车之间的信号路径时。

（五）电子硬件仿真

与现在的汽车相比，自动驾驶汽车的电子硬件要多很多，如雷达、激光雷达、摄像头、其他传感器、V2X通信系统以及信号传感器融合板、人工智能计算机、控制器、制动器以及HM1（人机屏面）。其中很多都是重要的安全部件，其硬件必须要能够承受电气、热、振动和机械负荷，而且不会在汽车使用寿命期内出现故障。仿真能够显著地加快设计测试的速度，并提供深刻的物理洞察力，使工程师能够优化电子组件并实现鲁棒性设计。

此外，热仿真还有助于确定PCB及组件的不同冷却方案，例如选择风扇还是在重要部件上安装热沉。此外，利用温度场进行机械的热—应力仿真，可用于评估电路板及组件热变形，并预测温度周期变化时焊点的热疲劳。这些仿真能够确定连接位置、加固件、组件布局、夹紧负荷以及其他方面，以减少电路板的热机械应力疲劳。

（六）半导体仿真

ADAS和自动驾驶汽车系统要求在汽车上实时进行海量的信号处理与计算。因此，半导体企业正在研发性能更好，同时又能在能耗、结构、热可靠性及器件尺寸间实现平衡的半导体。半导体设备结构尺寸越来越微型化，特别是在新兴3DIC、FinFET和堆叠晶片等架构中，物理环境设计问题和可靠性问题亟待提前设计验证。仿真和建模工具可帮助芯片设计人员提高精确度和性能，从而降低电源噪声并改善IC的可靠性。通过仿真能提前发现相关的物流问题,并进行解决方法的仿真研究。

无人驾驶汽车作为轮型机器人,它的安全性和可靠性同样需要通过海量的功能和性能测试来保证。无人驾驶汽车真实上路后所要面临的外部环境是复杂多变的,现在普遍被用来做自动驾驶仿真模拟/离线测试的软件,可以检查算法,最重要的是测试无人驾驶在不同应用场景下的感知和决策。

仿真平台有很多种分类,从产权方式上,可以分为开源和收费。从技术方式划分,也可分为两种:一是固有数据工况条件下感知、决策,主要用于控制和规划算法的初步开发;二是真实环境数据的模拟,主要用于对完成无人驾驶部件的验证和性能测试。

Gazebo平台可以为模拟仿真环境提供精确的设定参数,以精确有效的模拟训练机器人的能力。它不但拥有强大的物理引擎、高质量的图形、方便的编程和图形界面,最重要的是,Gazebo是一个充满活力的免费平台。

二、智能物流系统的数字化设计

从供应链物流的角度看,装配线的物料供给系统是物流系统的一个环节。一般物料供给系统问题研究从宏观物流规划和微观的物流调度两个方面进行综合考虑。宏观的物流规划主要是指物流设施的布置问题,其方法是将各作业单位分配到不同的地点,以最大限度地减少物料搬运和运输成本。另外,还有计算机辅助物流布置、系统化设施布置规划方法等,以及根据产品种类变化、设计更改、工序改进或者组织变革等导致系统布局的变化,而衍生出来的设备动态布局问题的研究。宏观物流规划的特点是对物流作业单元的物流量进行统计,然后通过单元之间的物流量关系进行布局定位安排。因此物流基地的统计是规划的核心,直接影响了规划结果的有效性,而在混流生产环境中,物料需求的种类复杂多变,同时要准确响应计划调度的要求,使用物流量概念难以有效反应物料的特征,因此这些设施布局规划方法在解决混流装配线物料供给系统的具体运作过程中还需要进一步细化和调整。

在微观物流调度方面的研究主要指车辆、仓库等物流设备的优化利用,一般认为车辆调度是物料供给系统的关键。车辆调度一般被简化为动态调度策略选择问题和车辆路径规划问题。通过对车辆调度策略进行优化来解决物料供给的运作和规划问题的做法,在针对芯片封装和柔性制造系统的物料搬运研究中应用较多,对芯片工厂的自动化物料输送系统进行了比较全面的分析。他们先对车辆调度策略和物料输送系统管理策略进行对比,分析了先到先服务,最近车辆优先策略(以及混合策略)对车辆调度系统及其整个制造系统的影响,包括生产设备(如机器利用率)、仓储资源(如容量及布局)、在制品库存以及产品配送时间等。

经济全球化的发展,产品的复杂程度越来越高,技术壁垒极大带动了全球技术交流。产品的设计由于客户的定制化需求和更新换代的加速,要求企业更快地研发,缩短新产品上市和交货时间。

提高产品的质量,降低生产成本,提供全方位的服务。随着计算机仿真技术的发展和虚拟现实技术的出现,数字化智能物流设计工厂技术已经成为一个新的研究热点。数字化智能物流系统设计将基于传统的手工和经验的设计规划转变为以计算机仿真和优化的精确可靠的规划设计为基础,从而减少了工厂与工艺物流规划的时间,减少了工程变更量,优化了生产线配置,缩短了生产准备周期,降低了开发成本和投资风险。

在得到产品设计方案及相应的工艺规划方案的基础上,进行物流规划。从制造系统的结构来看,产品设计阶段是以制造过程中最基本的元素——产品为对象;工艺规划阶段则以加工操作、加工单元、生产线的部分流程为对象;物流规划阶段则是以生产线和工厂车间甚至整个供应链为对象。在物流规划阶段,需要以前面两个阶段的数据作为基础,将各个操作单元进行组合,建立复杂的系统模型。大部分的物流规划可以分为以下三个方面进行。

(一)生产流程规划

生产线规划是根据工艺规划所得到的操作时间数据以及生产线工位的布置划分,结合计划系统中的生产大纲进行生产线的运作优化过程。由于产品不断的更新换代,生产流程的规划不仅限于新的厂房规划,而且随着产品线的调整而不断进行优化整合。生产流程规划主要解决如何有效地利用资源,获得最大的系统产出问题。在数字化物流设计中,生产流程规划是以生产流程建模为基础进行研究。生产流程的建模先从生产线的实际情况入手,通过一系列步骤,采取一定的方法,结合工艺规划的模型结果,建立符合实际情况的仿真模型,然后根据该仿真模型进行分析和优化。

(二)布局规划

布局规划一般在新厂房规划或生产线根据情况调整时产生,布局规划以工位为最小对象进行设施单元的位置摆放,通过充分利用现有的系统资源,尽可能地减少生产过程中的间接成本。布局按照系统层次分,有设备布局、车间布局、厂房布局等。数字化工厂的布局规划按照系统的层次进行,建立设施单元从工位到厂房的运作模型,结合运筹学等方法,进行空间布局的优化。

(三)物料供给规划

物料供给规划介于布局规划与生产流程规划之间,同时又是对两者的进一步细化,物料供给规划关系到这两者规划结果的执行效果。

搭建数字化物流系统和建立一个实际工厂一样,在建立初期都需要投入大量的人力物流和财力资源,需要构建工厂、车间、生产线以及设备、产品的各种数字模型,一旦建立完成,就可以长期使用。构建工作可以由局部开始进行.针对企业关心的核心问题,逐步扩展到整个企业,甚至整个供应链。

第四章

供应链管理信息技术

第一节　供应链管理信息技术概述

一、供应链管理信息技术概述

(一)供应链管理信息技术简述

IT 领域经过长期实践发展,在各方面趋向于标准化是必然结果。第一,对于相应市场来说,要节省系统开发和维护投入成本,企业要提升自身经济效益,应采用标准化;第二,对于系统的关联性来说,将不同系统进行连接,然后借助网络开展工作,可强化标准化的落实与发展;第三,对于新软件模型来说,互联网在发展过程中,对其产生了一定的需求,比如软件开发方面等;最后,对于其规模经济来说,标准化的要求有效降低了系统在开发集成等方面成本支出。

(二)供应链管理信息技术设施

在企业供应链管理系统执行数据采集,信息传输,业务运行和系统登录活动时,都需要其技术装备作为前提的保障和支持,这些设施一般有以下几类关键设备集群组成。

1. 接入端口与接入设备

设备连接分为两种形式,一是内部构建的网络架构,常见有局域材料网、内网服务器等,二是广域网链接架构,其端口设备接入到单一的企业网络,或者是因特网。一般可以将设备和外部企业的管理信息系统直连,以此提升信息传输效率,减少中间环节,防止泄漏篡改,保证信息安全。现在频繁用到的接口设施有 PC 个人计算机、数据终端、网络硬件支持设备、条码或二维码扫描仪与个人便携式数据助理,即 PDA 等,互联网浏览器正在作为信息获取的主流软件。近年来在生物识别技术的推动下,身份鉴别系统加入了更多的智能化模块,可以实现与人的沟通,也能相互进行数据交换分析。设备的核心组件之一存储芯片可以载入编码系统,为电子产品编码,此外还涵盖有产品标记语言(PML)与实物命名服务(ONS)。系统运转流程如下:首先射频采集设备通过扫描方式感应智能标签编码,将内嵌信息发送至计算机终端,内部含有产品的相关数据,经过编程处理后,将信息过滤,把有效信息通过外显设备同传到用户端。PML 在互联网系统下对客观事物进行描述,ONS 则是在目前已经广泛使用的互联网域名服务体系的基础上,可以实现物联的作用,即把实物的位置信息通过代码形式向计算机传递,同时找到含有 EPC 或者智能化标签的产品相关数据。

2. 电子通信设备

电子通信方式通常包括了电子邮件形式和即时通信软件,电子邮件是将文字图片等文件信息通过内网或者外网进行传输和接收,突破原有信息交流的时空地域限制,同时可以在不同系统主体间构建的互联网空间下实现跨主体间的信息交互。

3. 数据库

库内存储了交易、状况、常规类数据和各类报表与工作群等,上述数据包都是通过若干种的数据库方式进行归类整理。类别的差异导致了数据库也要采用不同种类,目前来看有以下若干种类型。

(1)传统数据库

整个系统是在单个的层级架构下或者网络架构数据库周边,不仅能实现数据的大容量存入,还可以实现衍生功能。一般都具有联机类与批量处理的模块,该种类型的数据库所用到的程序语言是商业通用版本(COBOL)。

(2)关系数据库

关系数据库是建立在关系数据库模型基础上的数据库,借助于集合代数等概念和方法来处理数据库中的数据,同时它的存储形式使得报表的标准规范化制作更加便捷,也支持查询,比如结构化查询语言(SQL)就是专用的关系数据库设计语言。此数据库归集在单个服务器终端上,也能分布在联网的若干台个人PC机或者是便携式微型机上。

(3)目标数据库

它能存储多种类型的数据内容,包括了字符数字以及图片、视频类等较为冗杂的信息。其存储的方式是受到数据库运行方式相关。目标数据库尽管应用范围较广,不过缺点要较为突出,即没有实现标准化处理规范,同时后期的维保花费高。因为与单纯的字符数字数据不同,图像等非标数据的存储占用较大的存储空间,流程上环节较多,较为复杂。

(4)数据仓库

它联合了与并联系统数据库中的数据进行了充分的联动整合,能借助较为专业系统的分析程序进行内部数据检索,仓库中存有的数据量十分庞大,一般用于企业级服务器数据存储。

(5)数据中心

它作为数据仓库的微型版,容量相对小,因此在广度和规模上呈现单元化。

(6)群件数据库

它的主要功能是能够支撑实现群组功能,包括日志记录更新、多用户登录等。该数据库是虚拟企业用户时代下的网络远程办公的关键数据技术基础,它可以创造出能够共享的数据库,满足各个用户以极快的速度收集到最新信息。

4.系统结构

该结构通常包括了各类的供应链构件(数据库、端口接入、电子通讯等设备)配置形式。

多专家的服务器中的资源分配工作一般都是通过客户/服务器来实现,这样可以更快地加快运行速度,同时给新板块和功能的增加预留了空间,推动了标准化进程速度的加快,促使二者可以在情况多变的复杂状态下以更完整的方式互相作用,然而该模式也存在一些不足,比如不同服务器间的操作难度增加。主流的供应链系统设计中都涵盖了该结构,其实因特网本质上也是该结构的高级形态,借助于HTML语言后者JAVA程序,能够实现本地PC机处理来自网络服务器中的数据内容。

服务器端与客户端中间需要应用程序来承接,这称之为中间件,它的主要功能是融合衔接作用,实现不同种类的系统构架、通讯协议标准、硬件组件可以有效地进行信息传递。该组件在整个系统的运行中起到非常关键的作用,优秀的中间件也能作为数据管理的有效模块,它可以把数据归集分类成不同形式,可以被计划类工具合理地利用,并将其放置在企业供应链系统中的各个节点,以不同形式呈现。

(三)供应链管理信息技术的发展

供应链管理信息技术的发展是经过长时间积淀和逐步演变形成的,主要包括了链式思路和连接形式、互联网技术的发展等铸就了当前广泛应用的供应链技术,也更适合现代化的电子商务形式和市场需求。在网络技术的发展之下,人们将研究目光投向了数字化的领域,按照实现产品供应的流程不断进行整合处理,使其形成了更加完密的链式工作形式。这种高效的信息交流手段不仅能够应用于电商和产品供应,在企业的内部管理和决策当中也具有重要意义。运用企业资源化的思路去整合现有不同部门之间的工作沟通有利于将企业的经营决策转化为一种系统性和自动化的工作流程,每一个部门能够更加清晰地认知自身在企业经营决策当中所扮演的角色,运用环环相扣的方式推动企业发展,对于提升工作效率和内部信息的高度流转具有重要影响。在资源规划系统当中,不同的职能部门都可以将工作信息上传并存储在服务器当中,按照不同的查阅权限和资源共享能够调取更多的有用信息,尤其是对于一些在工作过程中有高度交叉性和会产生相互影响的合作部门,如销售部和财务部等。在这样现代化的工作思路和经营模式影响之下,企业资源规划得到了快速发展。

在供应链信息管理技术不断地发展下,对其智能化的程度予以不断提升成为必然趋势,在具体的执行和管理环节当中为其赋能,运用更具创新化的形式和技术手段更好地发挥供应链管理的优势价值。供应链信息技术借助多端管理和定向信息流转的形式,能够为当前的企业经营和销售管理创造更加高效的形式,以技术优化和形式创新的方式更好地刺激企业的经济效益。此外,在技术向更加智能化发展的今天,自动化的程度也会越来越高,供应链和各个企业的运行效率都能得到明显提升,在应对当前全球化市场的需求和企业竞争当中都能更好地发挥优势作用,使贸易网络更加复杂,进一步驱动流程上的优化创新。

二、供应链管理的相关信息技术

在目前技术不断发展的过程中,已经为供应链的发展及其管理提供了许多基础性的技术,起到了一定的促进作用,对各种数据传输以及业务记录进行合理连接,使其更加紧密化,方便立即进行管理,将新技术与原有技术融合,使其管理功能更加全面化。在其具体管理过程中对知识、技术进行统一分析,结合不同的支持技术进行管理,对供应链的成本达到有效降低效果,同时通过合理的组合以及集成技术对各方面技术进行合理整合,使系统得到完善,方便对整个供应链进行统一高效的管理,同时获取各方数据,满足用户的需求。

(一)物料需求计划和制造资源计划

物料需求计划是指在具体生产过程中对时间、物料以及数量的需求量进行合理控制,对库存问题进行合理解决,对整个需求计划进行有效管理,才能够完成整个控制链的需求。在物料需求计划的发展过程中,主要是根据市场的需求来进行合理调整,在其具体运用过程中,需要以物料需求为基础进行合理设计,对闭环物流系统进行分析,使其封闭系统建立完善并且还能获得相关技术信息的技术反馈,方便对技术进行合理升级。

在物料需求计划的控制过程中,需要了解基本内容,合理控制计划。在其具体计划控制方面主要包含生产计划和采购计划,根据客户要求展开,合理整合内部信息,方便合理规划整个生产过程,采购缺少的库存材料,控制产品质量。具体系统的工作过程中,可以对财务子系统以及生产子系统进行统一结合,方便对市场进行合理监控,对采购过程进行合理控制,减少该方面造成的资本投入,同时在计划的实现过程中,要分清主次,方便对整个管理系统进行优化,建立好合理的数据库,模拟各种各样的结果,方便对方针方案进行合理的挑选。

制造资源计划是指制造资源计划方面也是以计划和控制为主线进行合理管理的,对企业内部的效益进行明确化,并以此为目标进行合理整合,通过财务和实物之间的同步,能够对整个资源的重要组成部分进行合理整改。

(二)企业资源规划

企业资源规划是指在企业资源规划的建设过程中,需要对整个需求计划以及生产过程的准时制进行分析,这样才能对该结构进行合理探究,根据市场来进行合理的调整,根据市场的需求来进行合理预测,方便对订单的生成以及产品的生产进行合理管控,能够根据该方面完成生产计划,方便对整个管理效果进行提升。企业资源规划可以增值整个企业中的价值,并且能够对各种资金流以及产业流的流量以及流速进行合理控制,这样才能够打破制造业的局限性,方便其不断衍生,使其发展更加迅速。在企业资源规划的使用过程中,需要不断提升集成功能,使之与制造资源计划相区分,同时进一步加深制造环境。通过多种混合方式完成整个制造环境的建设,同时还具有合理的监控能力,使其业务绩效得以提升。同时在其利用过程中,对供应链的基础思想以及管理思想进行合理结合,不断扩展,使其管理范围得到进一步提升。在其具体使用过程中,需要对多个相互合作的子系统进行统一分析,使各子系统之间能够相互配合,在企业内部的各个系统的生产环节过程中都能够发挥重要的作用,使其订单、采购、库存计划等多方面都达到合理有效的管理。

(三)电子数据交换

在信息处理和管理方面,需要对技术手段进行进一步提升,目前国际上常使用的一种方式是电子数据交换方式,能够对计算机网络语言进行合理的标准格式建设,其中的各种数据进行格式化,方便合理传输,在目前的运输过程中已经对该电子数据交换技术进行合理使用,能够使其建立的网络以及各设备之间数据交流标准更加准确化,方便对各方面业务以及各节点之间的数据通信进行提升,能够使其传输更加高效化。

在目前的销售领域,电子数据交换被应用在多种销售生产领域,这就需要对电子数据交换进行更广的整合,对多方面的人员进行合理整合,并将其有机地联系在一起,方便对电子数据交换的信息进行合理建立,能够使贸易伙伴关系合理地建立起来。在销售点方面可以运用销售预测报告进行数据预测,合理整改销售方式,使其更加合理化。在库存管理方面,可以通过各方面数据的实时变化实现数据更新,方便库存升级。

(四)电子商务的应用

在电子商务的应用方面,主要是通过数字通讯的方式实现商品和服务之间的合理连接,实现买卖工作的顺利完成。同时对资金转账起到到合理的帮助作用,在其应用过程中主要是将多方面的功能进行合理整合,并且能够通过该方面的数据进行进一步功能拓展,最终实现支付服务,广告交易等多方面活动的合理统一。要加强电子商务和电子数据交换之间的相互联系,但同时要进行合理区别。在电子数据交换方面,要对标准化进行重点分析,对交换报文进行合理安排,方便进行数据交换。

(五)决策支持系统

对决策支持系统进行充分分析,方便对机制有充分的控制效果,使支持系统在供应链方面发挥重要的作用。

首先要对输入数据库进行分析,输入数据库所需要的工作主要是对基本信息进行合理输入,并且对个人电脑中的数据库进行合理的汇总,对分组数据进行合理规划,明确化其中的规则和参数,利用合适的工具对数据库的内容进行便捷分析,使其发展更加迅速化。在输入数据库的应用方面,能够使其整体支持效果的建设更加稳定,方便后期的数据分析工作顺利进行,使其输出机制运用更加合理化。

其次要了解的是数据分析工作,数据分析工作主要是对分析工具进行合理使用,并且通过多种运算法则,计算以及各个流程的逻辑程序建设,能够对固有信息进行合理的整合,并且能够对某些参数进行调整。

另外还要了解的是仿真技术,仿真技术能够对业务流程中的随机部分进行分析,能够根据其概率分布情况进行随机事件的探究。对分析决策支持系统的输入数据进行合理分析,并且能够在最短时间内提供最佳的服务方式,能够给予顾客合理的数据解答效果,在人工智能的应用方面主要依靠庞大的数据库进行规则的整理,最终能够解决问题并得出相关结论。还可以建立相关数学模型来实现对数据的解决方案的建立。

第二节 供应链管理的信息技术集成

一、集成信息技术的发展

集成信息技术可以分为四个发展阶段,分别为分类系统、内外部界面、内部集成加有限的外部集成和多企业集成。

第一个阶段独立系统开始扩张,数字化数据只是现阶段企业内部数据,然后将现有的运作和相关任务进行自动化,总体的集成程度相对较低一些,没有利用网络而且必须标准化,基本是为后续互联网的应用做出准备。在这一阶段下,总体的职能相对较为独立,没有连续的供应链管理流程,整体的领导相对较为单一,而且系统分立,缺乏评估系统。

第二个阶段系统开始有组织地进行运作,总体的企业集成度得到提高,但是没有利用网络,在开展相关活动的过程中,主要放在了交易方面,把交易的关键性看得相对较重,然后通过互联网和贸易伙伴交换信息和彼此活动。在这个阶段总体的工作开始进行功能信息集成,从而减少了库存,并提高了总体效率,有明确导向的数据提供,总体系统可以提供货物和地点准确信息,然后为部门内相关数据的使用提供一定的支持,提供重要度量指标。

第三个阶段企业内的各个相关功能逐渐复杂和交错起来,内部使用集成系统,而外部开始使用有限的集成,然后与贸易伙伴一对一地进行互动,建立相应的互动机制,将供应商和自己的相应集成系统联系起来,然后将客户方和自己前端系统联系起来。这样一来之后总体起到了一个承上启下的作用,贯穿了整个供应链,从供应商到客户间有着一个复杂的流程,提供了更加高效的系统。

第四个阶段开始逐步形成共有的企业系统与流程看着共同的目标和信息,实现了信息与数据的共享,开始进行自动和互动的合作。这一方法应用之后,总体的效果相对更好一些,各个功能产生了交错,内部的集成系统有所提高,而外部的集成也最大化,实现了端对端集成。与此同时,在这样的情况下,交易伙伴之间的合作模式发生了改变,合作模式开始变得像同一家公司一样,供应链之间的合作开始更加关注于服务,关注于实现财务目标。在这一阶段下可以实现整个公司相关信息系统的集成,让供应链结果和公司目标有效地联系在一起,让领导者具备预见性,了解供应链运作过程中的各种影响因素,从而先发展潜在需求。

从信息集成的目的和目标来讲,其本质上是为了在整个企业实现流程的全面标准化,然后提高彼此之间的有效合作,降低成本,以获得更好的竞争优势,占据更大的市场份额。供应链的信息技术解决方案可以由多个部分组成,包括基础设施和各类决策支持系统,从而以不同供应商为基准,选择最合适的解决方案,产出较为适宜的各种功能系统。那么在这个过程中,为了实现从生产点到送货点每一部分的信息可获得性,就需要强化信息集成,而信息集成则包括四个部分。

第一个部分要让程序通信数据和接口走向标准化,这部分内容具备较高的价值,能够让信息技术的基础设施安装更加顺利,而且节约经济成本,在供应链各个层次上实现系统信息化和集成化,加强总体的信息与产品追踪。

第二个部分就是在系统内集成各种显示和访问数据,在这样的情况下,用户不需要任何的相关专业知识便能够直接了解到所需信息系统界面,而且与工作任务高度相关。

第三个部分就是将不同的系统整合在一起,然后彼此的界限变得模糊,彼此的距离缩短拉近,利用网络服务技术将所有功能整合在一起,在基本不需要程序支持下,实现普通接口全方位系统集成。

第四个部分就是电子商务的实现。通过电子商务可以改变工作交流和交易的方式,企业和政府之间提供一个接口,可以接口获得相应的产品数据,进行产品对比、数据利用和访问,这样一来电子市场就可以让购买方将他们的供应商整合到信息系统中。

二、基于互联网的信息技术集成

从实际角度来说,在供应链管理信息技术集成的过程中,其最为主要的形式就是基于电子数据交换和电子商务。在基于电子数据交换的信息集成之中,结算中心连接所有节点,它本质上是一个连接所有节点的增值网络,各类的信息都需要发送到结算中心,然后根据不同节点的要求进行处理,处理完毕之后再将相应的信息收回到各个关键节点。其工作的基本过程就是先将各个子公司和部门之间的信息构成一个局域网,然后在这局域网的基础上组建企业级的广域网,与其他的单位和企业连接。在这基础上,可以与其他企业进行通信连接,然后通过增值网、电子数据交换中心或者是互联网的方式进行交流,从而实现有效的集成,形成集成化供应链。

而电子商务方面,可以概括为三个层次,具体包括内容管理,协同及信息和电子商务。内容管理主要是通过更好地利用各类信息来增加总体品牌价值,主要是包括信息安全渠道和分布、客户信息服务。而协同及信息主要指的是各种自动化处理商业流程,主要包括邮件与信息共享、写作与发行、人事和内容管理与流程、销售自动化。这四个部分密切组合在一起,可以明显减少成本和开发周期,取得的效果相对更好。而电子商务方面则包括了市场与销售前服务,销售活动,客户服务和电子购物电子交易四个方面。通过与供应链管理的有效结合之后,可以有效地建立一个基于电子商务的信息组织与集成模式。

在互联网技术不断发展的过程中,以往相对单调的基于增值网的电子信息数据交换模式,开始变得更加多样起来,尤其是在中小型公司中,一种以互联网为基础可拓展的模式广泛应用于小企业的电子商务之中。各个贸易伙伴之间的沟通消除了沟通壁垒,降低了总体通信成本,也节约了时间成本,更加适用于对零散用户的库存管理,使供应商的管理更加便捷。也可以利用电子邮件传送多媒体,信息沟通和交互的方式更加多样化起来,图文并茂有利于用户选择商品,而且整体的保密性相对较好。

供应链成员在进行操作的过程中,也可以通过互联网及时获得各种相关信息,实现供应链信息共享。在计算机应用初期,中央计算模式占据主导地位,优势在于维护简单,但是劣势在于终端用户对资源和数据没有控制权。伴随着网络计算机逐渐普及之后,客户服务器模式开始得到广泛应用,将这种控制权交给了终端用户,保持后台数据和资源集中管理控制,实现了可管理性与灵活性之间的平衡。这样的情况下也为信息集成带来了很大的可能性,可以通过双方主页来完成各种信息交流。

三、基于决策支持系统的信息技术集成

立足于供应链管理系统来看,其本质上存在着不同的结构层次,也包括了长期计划层,策略层,操作计划层以及操作执行层。一般来说,每一个层次的分工和功能都不尽相同,长期计划层包括了战略网络设计,而策略层则主要是各类计划的确定对一个目标,拆分为多个小目标逐一攻克。而创业计划层则主要是围绕着需求计划和库存管理以及生产安排等方面

进行合理的整合,最后操作执行层就进行细致的供应链管理。

(一)长期计划层

这一层次主要是提供战略网络设计,通过最佳数量、地点和规模确定选择最佳的采购方案和分销渠道,形成总体的战略目标和计划。这一过程中主要是通过服务结构数量和水平达到最佳平衡来保证其自身的合理性,内部让采购生产运输和存储等等方面的成本投入最低化。其本质上所投入的时间相对较长,计划周期一般都是几年。

(二)策略层

策略层主要是供应链的主计划,按照这一计划进行生产和分销策略的确定,有效分配供应链资源,然后达到最大利润,并让最终的系统内运营成本和消耗降至最低。同时做好各种销售策略准备,比如说季节性销售和促销等,计划周期一般都在几个星期或者是几个月左右。

(三)操作计划层

与前几个层次相比,这一层次相对较为微观一些,本质上是一种运作计划目标集中在单个功能上,着重于生成可行性的策略,而不是最优解的解决办法。具体应用的过程中,其本身可以防止短期生产分销等方面变得更加有效,使总体的生产活动进行得更加顺利,按照其自身相应的系统特征,可以分为需求计划、生产计划和运输计划。

需求计划就是根据各种历史数据和相关信息推测可能的需求量,进行需求预测,或者是基于现有的受众群体和新产品引进和其他商业计划等方面的影响进行综合性分析,一般在这一过程中都会采取统计分析方法。

生产计划则是基于供应链主计划或者是需求预测的具体生产日期而进行安排,一般都是采取基于约束条件的可行性分析,然后对其进行具体管理。

运输计划则是基于运输路线的具体方案,充分结合成本和交货日期,确定运输路线和中期计划,对运输方式和路线以及分销计划等方面进行选择,一般都是采取启发式方法进行落实。

(四)操作执行层

这一层次主要是运作与实施,系统提供基础数据、处理用户访问。绝大多数的数据都是实时更新的,然后围绕着这些数据进行核算,实施的过程中主要包括了以下五个方面。

1. 企业资源规划

这一规划中主要是包括传统生产、人力、财务等,同时也包括了信息技术,对其不断地进行拓展,通过基于网络访问和服务的方式融入更多的新功能来完成相关工作。

2. 客户关系管理

主要是实时更新客户信息,合理进行跟踪,加强与客户之间的互动,与订单跟踪系统以及其他后端系统相连,按所掌握的客户信息,为客户提供更优质的服务。

3. 供应商关系管理

加强与供应商之间的交易管理,提供合作活动界面。

4. 供应链管理系统

主要是提供对工厂和仓库的分销跟踪,通过事件管理跟踪,基于操作异常的时间,并根据当前供应链状态提前进行报单。

5. 运输系统

这一系统的总体范围小于运输计划,但主要是提供内部和外部访问跟踪运输产品,作出相应的细节路线规划。

第三节 供应链管理软件

一、相关管理软件的构成

伴随着社会各经济方面的发展,经济方面有了长足的进步,不同企业之间的联系变得越发紧密,逐渐形成了供应链的形式,可以更好地促进其长远发展。同时会对供应链开展管理方面的工作,且因供应链的结构非常复杂,对其进行管理也是有一定困难的。为了加强管理会利用相关的软件对其思想理念基础进行管理,结合其中各个企业的要求,使得整个供应链的环节流程可以顺利完成,也会形成比较先进全面的模式,会促进管理方面的工作效果,也会降低其管理方面的消耗。

供应链随着长时间的发展其范围不断扩增,且流程复杂程度也在随之上升,很容易出现问题,会影响到整个供应链的发展状况。所以,为了确保供应链里的这些相关企业都可以通过一定的方式联系起来,并对整个供应链实施优化处理,使得其更加合理、有效,会开展其管理方面的工作,而其又需要相关软件进行一定的帮助。该管理软件通常都需要相关的管理理念,以及相关的要求,会促使其管理工作的合理有效性,开展该方面工作的人员对于这些软件方面的情况也越来越关注,重视其具体的工作成效。但其相关软件系统的组建也并不是一个简单的事,接下来便会对其进行一定阐述,以此提升相关工作人员对于这些软件的了解,促进供应链方面的管理工作最后顺利完成。

一般而言,其进行管理工作使用的软件是依据其具体的管理理念开展的,执行其中的策划、对其计划进行严格控制等,重视该链以及使用的网络方面的优化问题,会使得整个链的流程都能实现。品质度好的软件包含着相关人员的基本操作,其中具体包括从刚开始订单操作到最后对制造产品进行交易等方面,且还会对其中制造商方面的所有流程进行一定的管理,该方面包含着对供应链的分析情况、制造以及运输方面的策划、其各项事务等都会进行管理。通常情况下,其管理软件有五个部分构建而成:其具体要求、生产方面、安排销售、中间运输方面的策划,以及对其整个供应链或者其中的公司进行解析。

(一)需求策划部分

该部分会利用工具、一些关键方面以及环节的分析实施更加准确的相关预测,也会使用一些比较先进的网络技术以及新型信息技术促使整个供应链进行实时预测。

(二)生产排序策划

该部分会对于供应链里公司内生产方面的资源进行一定的分析,还会对其技能方面的管束进行分析,进而制定出更加符合资源方面以及其能力约束的策划,且会在原有的条件水准上实施优化处理。在不同的生产企业中,其需要利用不同技能以及方法进行分析,确保其独特的功能。

(三)分销策划部分

这个部分会对分销进行管理,以此来确保产品方面的销售可以盈利、可以有充足订单等。该方面的策划可促使企业对于开始的信息进行一定解析,帮助企业节约其成本,或者通过其能力提升消费者的服务水平。

(四)运输策划部分

该方面是为了确保产品可以通过最佳路径将需求产品运输给消费者,其策划需要结合实际的情况对于交易方面进行一定的组建,进而可以充分利用运输途径。

(五)供应链及其相关的分析

利用供应链的一定空间或者平面模型,对于其中的企业进行调整,对于整个供应链流程中都包含的环节展开分析,并进行调整,关注其中不足所在,及时完善。

管理工作的软件是比较复杂的一个组合,其中包含着很多方面,大概可以将该软件分成两个部分,一部分为相关链的计划,而另一部分则是相关执行。其计划部分的相关软件会使用到许多的算法以及工具,比较借助于信息技术方面,如果信息技术方面受到影响,也会影响到其具体的计划方面。

二、其管理系统的相关技术

软件实行管理方面的工作需要借助于网络,其中整个供应链的管理应该是一个相互协作的平台,许多的订单业务都会利用网络进入,有浏览器便可以进入,降低了其管理方面的消耗,其技术方面包含以下几个方面。

(一)基础技术构成

相关策划是首要的,其包括许多方面,其中对于相关市场的预料是策划中的起点,进而会形成后续的一系列策划。相关管理工作包括了对于制造产品数据的管理、各种途径、技术、安全等方面的管理。相对来看,对于客户的管理是对这些用户的要求进行管理的。

(二)跨平台企业集合

其集成可以利用的技能有许多,都会对整个管理工作起到一定的帮助作用,相应部分会采取其相关的技术。

(三)外包服务平台

其主要为相关供应企业所用,其使用的技术颇为复杂,很容易造成混乱的现象,故而可以利用一个公共平台,最好比较独立,使用该平台会促进其管理目的达成。

(四)全接入方式

对于相对而言比较大型的公司,可以利用专线进行,而对于有些比较小型的则不必如此，可以直接接入平台，如此便可对其进行整合。

对于供应链方面的管理工作随着其复杂程度而难度增加，所以会利用相关的软件进行管理，但这些软件也的构成也十分复杂，需要结合实际对其进行优化，进而确保供应链的发展。

三、常见供应链管理软件

现代社会的经济发展日益受到关注，在新型经济形势下发展的供应链管理，也受到了市场经济的极大影响，最突出的影响就是商品化的应用管理软件的诞生，这些优秀的管理软件都是为了给在供应链环境中的管理工作提供便利而存在，是为了供应链而发展特殊作用的软件，因此自然而然就具备了供应链的思维，搭上了供应链发展的便车，宗旨在于为供应链环境中的企业提供商业化的解决方案，为此不断改进，衍生出一套商业的智能系统。

作为一个提供在线的采购和销售的业务服务的平台，Covisint 是一个难得的为汽车行业服务的技术公司。该平台给了汽车用户一个互联网的使用以及通信的快捷服务。这一平台也受到了广大汽车制造商的喜爱，目前成为风靡全球的汽车服务配件制造商。在线上提供这种类型的服务对于全球化的进程来说也是一大推动力。

Movex 是一个通知类型的工作型软件，以电子数据的形式将记录文件传送至供应商手中。该软件的好处在于可以依据自己的后台观测到物流信息，将各个物流的同步率根据企业设定的调度准则协调一致，便于在最合适的时间建立合适的物料计划。该应用软件在管理方面能力独特，能够根据强大的活动信心将全部类型的项目尽交由一人管理，这样对于企业的好处在于，负责管理的部门可以依据整个物流与计划，将整体的物流最后到达的时候趋于同步。该软件之所以适合于供应链内部使用，其原因正在于软件的开发是在特别的准则内诞生的。企业应用这个软件，可以拥有一个统一的界面，将一个事物归为一类，并且使用同样的标准，在两个系统之间需要转化的时候，也不用频繁切换，尤其是不用转换数据，这就为企业省下了一笔时间。企业在运用这个软件的时候，数据都集中在一个总的系统上，但是总系统下可以分管多个子系统而互不干扰，这使得企业可以在一个总系统内管理生产的产品而不至于紊乱，某些有特殊要求的客户也可以开辟专线生产。供应链中的生产商很大一部分是处于各个不同的国家，该软件也提供国际服务，在该软件下允许不同国家的用户登录，以及进行便利的交流，因此在各个国家都受到了极大欢迎，Movex 的使用使得企业有更强的能力建立一个庞大的销售网点，在各个区域内接受客户的订单，再环环相扣，依靠供应链的强大，将货物分发各地。在用户使用软件下单时也受到了信息保护，对于用户来说是极具便利性以及安全性的应用软件，对于服务行业来说，软件也提供了相关的合作机会，即可以提供运输或者是货舱等服务。

OracleSCM 在设计方案上有独到的成就：第一是客户需求，这是第一位，在该方案下，组成的区域虽然有众多的模块，但是最终都是向着满足客户需求去的，该方案最重要的就是最大限度地满足客户的需求，那么要想满足客户需求就需要了解客户的需求是什么，因此该方案的第一件事情就是收集客户需求，再依据客户的具体需求改进服务方式，在这种与客户的良性互动下，企业能争取到更多的用户。并且在互联网的发展下，工作人员与客户在网络上进行沟通，也能够减少提供货源的时间；第二是规划与调度，这种方案的目的是切实地让企业以更短的时间掌握供应链的具体情况，然后企业通过网络对员工或者是其他具体事务进行调控，将规划的时长减少，杜绝时间上浪费的情况出现；第三是战略性采购，这一方案是依据企业的生产计划这一特征做出的，在生产有所计划的时候，就必然也会对采购进行一定程度的规划，企业在这一过程中是利用网络进行全自动化的管理；第四是制造管理，这一方案是鼓励企业以多种形式来制造产品，这种方案对于业务繁杂、生产要素多的跨国公司来说非常实用。

在简约风格支撑下的 Oraele 并没有特别繁杂的设计，作为一个在数据收集上称得上是世界之最的公司，其建立了一个简洁又高明的"口"，世界上的各种类型的公司都可以利用它进行一个业务的信息对接，也就是相当于信息的网络集市，将信息口作为一个明码标价的世界，突出了合作伙伴之间的买卖关系。

SAP 在理念上有所不同，是较为宏观的存在，将各项设计规划得清清楚楚，将较为宏观层面上的计划例如虚拟的库存的区域、线上网点的设置，实际的操作计划以及信息的售卖等都设计安排好。

第五章

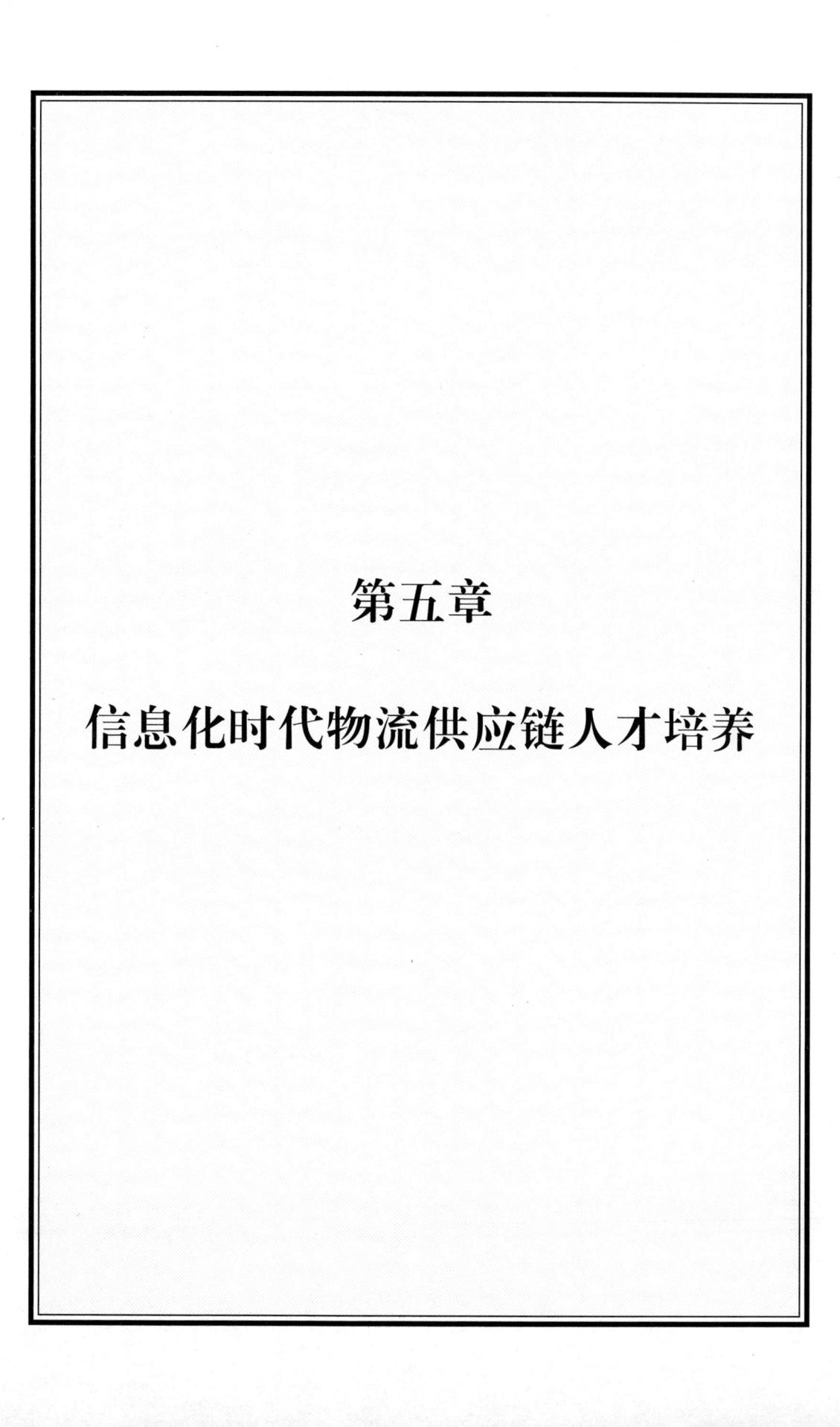

信息化时代物流供应链人才培养

第一节 人才培养的目标与建设原则

一、智慧供应链人才培养目标

在各行各业的发展中,物流已成为亟待突破的瓶颈。传统物流旨在解决时间、空间的问题,并没有连接企业上下游。商品交易已经回归本质,消费者需要与商家进行连接,当传统的物流系统已经无法满足社会发展的需要时,智慧供应链应运而生。智慧供应链是结合物联网技术和现代供应链管理的理论、方法和技术,在企业中和企业间构建的,实现供应链的智能化、网络化和自动化的技术与管理综合集成系统,具备信息化、网络化、智能化、可视化、数字化、集成化、柔性化、自动化等主要的先进特征。

在"全球整合世纪",中国企业需要向智慧供应链转型谋求生存之道,而任何企业的发展都离不开人才,人才是科技创新、品牌孵化最原始的驱动力,由此解决智慧供应链人才培养的问题已经迫在眉睫。

二、智慧供应链人才需求缺口

智慧供应链人才培养主要依据现代服务业类型企业的人才需求进行,重点面向本科院校以及中高职院校商贸物流专业学生群体,并服务于地方物流企业、商贸企业,改造并升级传统物流业与商贸业,从而使传统供应链变得更加智慧,真正培养出适应未来的跨界、复合型现代商贸服务人才。

三、智慧供应链人才培养建设原则

(一)以供应链思维为依据

供应链思维是既较为系统全面又丰富多彩的一种思考方式,区别于互联网思维的关键词"单点极致",供应链思维强调的是以点及面,是将采购、生产、渠道、营销等各个环节综合考虑的结果。供应链思维的思维逻辑是立足核心优势、整合无边界资源、扩大核心优势。结盟、联动、共赢是供应链思维的特点,供应链思维是围绕一个目标全局思考、系统整合、协同作战。在全球资源整合时代企业与企业之间的竞争,就是供应链的竞争。

因此,培养未来企业所需的人才也需要以供应链思维为依据。智慧供应链人才培养模式基于供应链思维,以C2B(消费者到企业)为商业模式,以就业与创业为核心,并辅助形式多样化的教育手段,培养能广泛适应就业需要、创新创业需要的大商科、跨界、复合型智慧供应链人才。

(二)以深度产教融合为目标

智慧供应链人才培养模式旨在实现"双三元"职教模式的全方位融合,这是一种全新的办学理念,以产教融合、校企合作、工学结合、知行合一为运行结构。强调在"智慧"概念的基础上用开放的思维理念,以国际化的视野和意识来引领供应链改革。这将从根本上转变高校的教育观、人才观、质量观和价值观,建立新的知识体系、新的素质结构和能力结构。

"双三元"职教模式由"政校企"(即以政府为主导、以学校为主体、以企业为支撑)办学模式和"行校企"(即以行业为指导、以学校为主体、以企业为支撑)人才培养模式组成,其核心理念是实现职业教育中的"三元互助、协同创新、服务地方、互为补充、互为支撑"。"双三元"层次分明、路径清晰、责任明确,形成政府、行业、企业、学校合作办学、合作育人、合作就业、合作发展的长效机制。

1. 仿真融合

仿真融合是以益达教育现有完整的单专业、跨专业经管类综合实训平台(即现代服务业综合实训平台)为基础,导入全新的企业真实运营的案例和数据进行实训。对具有硬件(如实训室)条件的院校,则直接将实训室进行社会化服务改造,使其具备一定的社会服务功能,从而一定程度地实现产业与教育的融合。

益达教育为院校提供软件平台(包括企业管理软件、模拟仿真软件、三维仿真软件、云平台、资源库等)、硬件设备(包括电商物流、立体仓储、配送分拣、O2O超市、保税仓储等),规划与建设智慧供应链实践基地,同时基于其提供的核心岗位技能,帮助院校将实训室投入仿真教学。

2. 全真融合

全真融合是利用怡亚通分销平台的城市及乡镇渠道与网络、社区门店,覆盖全产业链的供应链金融,将教学以"平台+案例(真实项目)+真实货源/商品/创意/设计/作品/科研成果+资金+全程供应链支持"的形式,做到将产业运营过程无缝嵌入到教学体系中,并形成新型智慧供应链人才培养体系。

在全真融合层次中,怡亚通将开放其全球500强企业真实客户案例,提供SKU(库存量单位)知名品牌货源,深度"380分销"、广度城市配送、自贸物流、宇商金融以及怡创产业基金支持。

益达教育为学院提供云教育平台、创业平台、第三方平台对接服务,规划与建设创客空间、创意工厂、项目运营中心等,同时基于怡亚通的产业链支持,提供运营导师乃至师资培训,真正实现全真层次的融合,帮助院校将产业运营嵌入教学体系。

3. 双创融合

双创融合是校企双方为共同主体,以企业化运营的方式,整合资本、项目(标准化商品、学生创意/设计/作品、当地特产、地方特色服务等)、团队及运营平台,从而实现双创教学与企业经营的双丰收。

益达教育协助院校建立双创学院,培养项目运营团队;导入企业项目,提供对应教学设计与执行;导入企业运营团队,辅导双创学院运营与评估;搭建双创平台,指导双创实践基地规划与建设;共建双创研发平台,协助双创实践教学研究及企业化运营服务体系实战与研究。最终通过其系列平台(国内 C2B 平台、国际 C2B 平台、创业平台等)将怡亚通商业生态圈对接与融入校园及地方产业。

4. 人才融合

人才融合是集结怡亚通上下游企业的人力资源需求,为广大院校学生构筑就业服务联盟,实现院校人才培养出口与企业人才需求的无缝对接。

在人才融合中,怡亚通整合其上下游企业多样的人才需求,形成一个定期动态更新的企业人才供给资源库。

益达教育提供的从仿真到全真再到双创的智慧供应链人才培养模式,真正契合时下企业对人才的需求要点,真正帮助院校培养出企业需要的人才、帮助学生就业创业。

(三)以校园 C2B 商业生态圈为业态

校园 C2B 商业生态圈以学校为主要消费场景,以学生为商业活动的主要参与者和经营者,覆盖产业链上游、中游、下游、公共服务,实现商品从创意到生产,从结算到物流、分销/零售直至消费者手中的全过程。

1. 上游环节

上游环节包括创意和生产。创意来源于学生的奇思妙想,通过自己的手工制作形成样品。生产环节可以归纳为三种类型,分别是学生创意作品的工程批量定制,由校企合作企业提供的知名商品,或者是对由学生的特色产品、特色服务进行二次包装。

2. 中游环节

中游环节包括结算与物流。结算不仅包括传统的财务、会计,也包括供应链金融。供应链金融是核心企业基于对其上下游企业业务信息的控制力,从而提供可以灵活运用的金融产品或服务的一种融资模式。物流环节包含运输、仓储、配送、报关、保税、货代、第三方、港口、机场、自贸等多种途径。

3. 下游环节

下游环节从方式上可划分为国内和国际两种,包括分销、零售与消费者。不论是分销还是零售,其参与主体大多指的是百货商场、购物中心、卖场、超市等,与上游厂商发生的交易即为分销,面对普通的消费者就是零售。当前,所有商品的售卖渠道不再只能单一地通过实体,还可通过线上的方式(涵盖 B2C、B2B、跨境等多种电商平台)。

校园 C2B 商业生态圈覆盖以上所有环节,从实现方式上来讲,指的并不是将所有的商业场景照搬校园。其中部分商业环节可以通过在学校内建设实践教学基地、搭建真实场景、导入真实业务来实现。对于那些不可照搬的,为保证产业链的完整性,其实现方式指的是整合社会资源,合作企业开放部分业务、对接到校园 C2B 商业生态圈中。

校园 C2B 商业生态圈受众群体覆盖了培养适合产业链上、中、下游人才的众多专业,包括工业设计、艺术设计、工业工程、智能制造、物流工程、物流管理、连锁经营、跨境电商、电子商务、移动商务、国际贸易、商务英语、工商管理、企业管理、市场营销、人力资源管理、财务管理、会计电算化、金融与证券等。对应不同环节,学校需要开设相应的课程、搭建相关的平台以支撑人才培养体系。

(四)以校行企联动培养为模式

智慧供应链人才培养采用"校行企合作,全程嵌入"的联动模式,积极探索出专业建设、服务地方、科研/文化三个阶段的合作层次,使学生从课堂学习、企业见习、参与企业重大的文化活动到企业顶岗实习,始终处于学习环境与工作环境的循环交替中。既注重传统理论知识的传授,又注重学生操作技能、职业能力的提升,提高了职业教育人才培养的质量,实现学校、学生、企业、社会共赢。

第二节 物流管理人才培养方案

一、基于产教融合的物流管理专业人才培养方案制订的原则

(一)全面系统原则

基于产教融合的物流管理专业人才培养方案的设计不是简单的课程组合,而是根据人才培养目标需求的岗位能力标准,设计课程体系,制定课程大纲与课程标准,构建理论与实践课程模块,建立系统全面的课内培养体系,丰富多彩的课外培养体系,专业化、综合化的社会实践体系。将产教融合贯穿于物流管理专业人才培养过程的始终,每一环节紧密相连、环环相扣,突出人才培养的连贯性、整体性,全面系统性。

(二)能力提升原则

基于产教融合的物流管理专业人才培养方案的制订,是以物流岗位职业能力标准为主线,以学生的物流管理实践能力的提升为目标,以产学合作、校企融合为手段,从理论与实践课程体系的设计、课内外培养体系的开发、理论与实践课程模块的结构安排等方面突出实践应用能力的培养,解决现有物流管理专业培养模式中人才培养与社会需求脱节,学生的实际应用能力难以满足社会需求的问题。

(三)创新创业与人才培养相融合原则

基于产教融合,将物流企业文化、物流管理方式和物流企业资源等因素嵌入学校人才培养的全过程,将物流企业运营中的实际问题作为学生实践项目、教师科研、学生毕业论文的研究对象,将双创教育与企业实际相结合,融入物流管理专业的人才培养全过程。通过课内与课外并重、实习与就业一体、创新实践项目的设计等途径全面提升学生的实践能力。

二、基于产教融合的物流管理专业人才培养方案制订的内容及模式

(一)人才培养目标的制订

基于产教融合的物流管理专业人才培养目标应结合地方经济发展、社会需求以及学校的办学定位,就应用型本科院校来说,可定位于高素质的应用型物流管理人才,再具体结合区域产业需求、学校定位特色、资源优势等确定具体的专业定位方向,如第三方物流管理、仓

储管理、供应链管理等方向。

(二)人才培养能力标准的制订

人才培养方案知识与能力标准的制订是根据物流管理专业人才的专业定位、培养目标、就业岗位群以及物流行业对人才培养的最新要求,构建岗位职业能力标准,根据岗位职业能力标准确定专业能力标准和所需要的理论知识,从而为后续的理论课程与实践课程体系提供依据。

(三)课程体系的设计

结合产教融合的应用型人才培养目标及能力要求,以及行业、企业的发展动态与需要,构建模块化课程体系。根据物流管理的作业流程及岗位需求,将专业课程体系分为仓储管理能力模块、运输管理能力模块、物流与供应链系统分析能力模块及物流企业管理能力模块,每一模块内确立该模块对应的理论知识与能力标准,从而确定开设相应的理论与实践课程。同时,注重学生创新创业能力的培养。在每一模块内单列创新创业理论课程与创新创业实践课程。

三、基于产教融合的物流管理专业人才培养方案的实施方式

(一)组织机构的建立

建立健全的组织机构是科学制订人才培养方案的前提。可从校、院、系三个层次考虑,分别建立不同的组织机构。学校层面成立校级董事会,负责学校层面的产教融合,制订学校校企合作的长远规划;二级学院根据学校董事会的总体要求可成立二级学院董事会,在校董事会的领导下履行二级学院产教融合、校企合作的职能;各系、专业可以成立专业建设指导委员会,该委员会企业人员至少达到60%以上,负责具体的专业建设工作。

(二)教学资源的挖掘与完善

校企共同完善教学资源是人才培养方案实施的基础。

1.校企共同编写教学文件

教学文件是课堂教学的顶层设计,包括课程标准与课程大纲等,这些文件的编写离不开学生岗位能力标准、专业标准以及课程归属的各模块目标与标准,这些内容的编制均需企业人士参加,双方共同进行研讨,从而使我们的课堂教学更加贴近企业实际。

2.校企共同开发课程

随着物流业的迅猛发展,高校人才培养中的课程体系、课程内容也应不断创新与完善,课程设置应紧紧关注物流行业发展动态,及时补充物流行业发展新技术、管理新方法。通过产教深度融合,与物流企业共同研究与探讨,开发理论课程和实践课程,对专业课和创新创业课进行大幅度重构,使课程内容更具应用型。

3.校企共建实践基地

采用校企合作、产教融合的方式构建校内外实践基地是保证应用型人才培养方案实施

的前提和基础。在实施过程中可以从两个方面考虑：一方面，与企业合作单位共建校外实践基地，通过校外实习、现场教学等方式提升学生的实践能力；另一方面，通过模拟企业的实际流程、实际数据、购买仿真软件等方式与企业共建校内基地，供学生在校内进行在企业现场难以实现的操作流程。同时教师与学生还可利用校内外实践基地完成的科研项目及创新创业项目，为企业提供咨询服务。

（三）师资队伍的建设

校企共同培养师资队伍是人才培养方案实施的保障。师资队伍既包括校内专职教师，也包括由行业企业人员组成的专职教师。为了更好地实施基于产教融合的人才培养方案，可以通过引进、培养和聘任等方式，建立一支高水平、高素质、结构合理的专兼职教学团队，校企共同完善教师队伍建设方案。与合作企业联合，选派教师去合作企业进行挂职锻炼或参加相关企业、机构举办的教师实践能力提升班，聘请行业企业从业人员为学生做专题讲座和授课。特别是针对物流行业发展的前沿理论、方法与经营模式，校企共同进行研讨，并尽可能将其应用于教学过程中；亦可通过项目研发的形式，组建研发小组，在为企业提供咨询、解决企业实际问题的同时，使教师不断接受新的知识，授课内容更加贴近实际，不断提升教师的素质与能力。

（四）教学模式与方法的变革

教学模式与方法的变革是人才培养方案实施的关键。基于产教融合的物流管理专业人才培养方案的实施主要还是体现在具体的理论与实践教学模式与方法上。在教学方法上，可运用基于工作过程的情景教学、渗入项目导向的教学方法以及引入企业实际案例的教学方法；在教学模式上，采用多媒体视频、企业现场教学、网络教学等多种先进的教学模式；在考试方法改革上，注重过程考核、实践能力的考核，建立教师和企业导师共同参与的考核评价体系。

四、随时随地共享的云资源

教学资源平台是基于当前学生的学习、阅读及思维习惯，如手机、平板电脑在内的移动端，学习习惯将逐步变得普及，因此有必要把部分教学资源进行碎片化，同时利用互联网技术把阅读轨迹、阅读习惯等形成大数据，尝试对学生学习过程及效果进行评价。

（一）云教学资源

采用多种手段进行辅助教学，对教学过程进行管理，形式包括视频、3D（三维）、PPT（演示文稿）、Flash（固态存储器与动态编辑器）、案例等。根据现在学生的学习特点，将部分教学资源进行碎片化，优化原有课程设计、资源形式，甚至课程调整、专业调整等，最终形成良性循环。

（二）云教学平台

云教学平台面向教师和学生提供包括PC（个人计算机）端、App端在内的多种手段进行辅助教学。同时，面向教务处对教学过程进行管理，包括跟踪学生学习行为等，未来云教学利用云平台,同时导入第三方评估,把学生的学习过程,包括课堂、作业、考试、毕业设计等在内全部量化,并赋予学分,作为学生毕业的基础数据,建立基于互联网的教育考试评价制度。未来的评价不是为了鉴别,而是为了改进。在学习的早期过程,可以利用大数据的概念,自动记录学生的学习过程,作为评价的依据在记录过程的同时,要发现某个学生的知识点缺陷,及时帮其改进。

五、"双师双能"型的师资队伍

"双师双能"型师资队伍是企业工作者与教育工作者的结合体,是技术技能能手与教育教学能手的结合体,具备较高的教育教学能力、专业发展能力和企业工作实践能力,能够承担智慧供应链课程体系的开发与实施工作。

(一)智慧供应链课程开发能力培训

学习和领悟智慧供应链课程体系构建与实施理念,是学校教师参与此项工作的前提和基础,对智慧供应链的理解是否正确,将直接影响教师在课程开发与教学实践中教学输出质量的好与坏教师需要结合智慧供应链人才培养目标确定课程标准与学习任务,具体内容包括智慧供应链课程标准的组成、学习任务设计的思路、教学计划编制的要求、智慧供应链课程教学方案的构成等。对参与课程开发的教师,学校可以通过组织集体研讨活动、到相关类型企业顶岗实习等方式进行培训。

(二)智慧供应链课程实施能力培训

智慧供应链课程实施能力培训需要从教学设计文本编写方法、企业生产实践、专业技术能力提高、行动导向先进教学模式等方面开展。

教学设计文本主要包括授课进度计划、教案、考核方案等用于指引教学实施工作的计划性材料教学设计文本必须根据智慧供应链课程标准与学习任务设计方案,以及教学活动策划方案进行编写,结合不同学习任务的特征、教学实施的现有配套设施条件、学期实践分配、学生基本情况等因素而设计。教学设计文本编写方法方面的内容培训,主要途径可以包括课程实施教师组织集体研讨活动、集体备课、相互交流、开展教学设计与说课比赛等。

同时教师依托企业生产(服务)实践经验的积累,参与完成企业工作任务,灵活运用专业技术知识、技能和方法,分析解决实际工作问题,是教师教授智慧供应链课程的重要基础。

智慧供应链课程的实施强调以学生为主体、教师为主导的学习与工作过程,强调学生不断形成学业成果以验证学习效果。因此,传统的灌输式授课方式显然不能适应新课程实施的要求,必然需要教师掌握和运用新的教学方案,利用新的教学手段组织新型的教学模式,才能顺利开展新课程的实施。其中,普遍提倡的行动导向教学就是一类典型代表,具体的教学方法包括四阶段教学法、头脑风暴法、思维导图法、项目教学法、引导课程教学法、角色扮演法、工作岗位培训法等。

第三节　智慧供应链人才培养规划

一、物流管理专业人才培养方案

(一)培养目标与人才规格

1.培养目标

主要培养面向采购、运输、仓储、配送、通关、货代、物流项目运营等行业的企事业单位,掌握扎实的物流管理专业知识和较强的专业技能,具备良好的职业道德和可持续发展能力、良好的理解与沟通能力、团队协作能力,主要从事现代物流企业中市场开发、商品采购、仓储管理、运输调度、配送分拨、物流质量监控、信息管理、客户服务、报关报检等岗位,具有良好职业精神和综合素养的技术技能人才。

2.人才规格

(1)知识要求

经过在校期间的理论和实践学习,学生在知识结构方面应达到以下要求:

①具备管理理论基础知识和物流管理专业理论知识。

②具备仓储作业管理、配送作业管理、物流信息技术应用和客户服务与项目管理的基本理论。

③具备与物流专业相关的知识。

(2)能力要求

经过在校期间的理论和实践学习,学生在能力结构方面应达到以下要求:

①能够进行货物入库、移库、流通加工、盘点、出库作业和仓储作业优化。

②能够进行货物的分拣、补货、出货、退货作业和配送作业优化。

③能够应用条码技术、射频识别技术、数据库技术、GPS与GIS技术、EDI技术、EOS和POS技术和物流信息系统。

④能够应用客户服务与项目管理进行,能够记录客户订单信息查询及反馈中的异常情况;能够及时处理客服人员上报的投诉事件;能够组织客服人员开展客户满意度调查工作;能够对客户满意度调查结果进行分析并形成报告;能够制订关键绩效考核指标并进行考核;能够制订四种产品采购策略操作;能够处理库存过量和不足操作。

(3)素质要求

经过在校期间的理论和实践学习,学生在素质结构与素质提升方面应达到以下要求:

①具备一定的职业精神和职业处理问题的能力。

②具备职业管理人员所必需文化素质和基本能力素质等。

③具备良好的心理素质和健康的体魄以及承担专业工作所需的身心条件。

④具备管理所需的人际关系沟通能力。

(二)就业岗位

就业岗位:仓储管理主管、运输调度主管、客户主管、物流项目主管。

延伸岗位:货运代理、商品采购。

发展岗位:仓储管理经理、运输调度经理、客户经理、物流项目经理。

(三)师资配备

1.专业带头人

除满足专任教师应具备的基本条件外,应具有五年以上累计企业工作经历和深厚专业背景,能把握行业发展动态,在本专业具有较高的能力和影响力;能统筹规划和组织专业建设,引领专业发展,能够主持专业的教改科研、技术服务等工作。

2.专业教师

①具有良好的职业基本素养和现代职教理念,三年以上职教经历。

②具备较长的企业实际工作/实践经历。

③持有高级/三级以上(含高级/三级)且与融通证书一致的职业资格证书,具备双师素质。

④主讲/主带过双证融通课程对应的中、高级职业技能鉴定模块,考证通过率较好。

⑤专业教师每隔五年到企业实习不少于六个月。

3.兼职教师

包括课程任课教师和实习指导教师。聘请具有工程师、技师职称的技术人员、能工巧匠,现岗在企业及连续工作三年以上,在专业技术与技能方面具有较高水平,具有良好语言表达能力,通过教学培训合格后,主要承担实训教学或实习指导教师工作。

二、"仓储作业管理"课程标准

(一)课程设置

1.课程定位

"仓储作业管理"课程既是物流管理专业的一门专业核心课程,又是一门培养仓储作业管理与实践能力、异常情况处理能力、作业优化能力的"双证融通"课程。该课程的学习可以为物流信息技术、配送作业管理课程提供前期准备;同时适应部分学生拓展学习的需求,助其成长为高素质的物流服务师,体现终身发展的理念。

2.设计思路

课程遵循分层化国家职业标准的理念,采用基于工作过程的课程开发方法设计,即以就业为导向,以提高学生的职业技能与职业素养为目标,对物流专业所涵盖的仓储作业管理类岗位群进行工作任务和职业能力的分析,并以此为依据确定课程的内容。同时,适应学生全面发展的需求,在教学内容和教学环节中贯穿"安全""探究""协作"职业素养的培养。

(二)课程目标

课程教学的关键是以仓储作业流程和操作设备为载体,结合应用,创设工作情境,以"一体化教学"为模式,以学生为主体、教师为主导,以技能实训为主线,以综合职业能力为培养目标,紧密结合职业技能证书的考核要求,开展现场教学。

1. 知识目标

通过学习,学生应具有以下知识:

①掌握入库作业组织与管理的基本操作、流程规范及相关知识。

②掌握移库作业组织与管理的基本操作、流程规范及相关知识。

③掌握流通加工作业组织与管理的基本操作、流程规范及相关知识。

④掌握盘点作业组织与管理的基本操作、流程规范及相关知识。

⑤掌握组织安排出库作业并处理异常的基本操作、流程规范及相关知识。

⑥掌握仓储作业优化的基本操作、流程规范及相关知识。

2. 能力目标

通过课程的学习,学生应具有以下职业能力:

①能熟练描述出仓储作业管理的基本流程及注意事项。

②能够恰当完成入库作业、移库作业、流通加工作业、出库作业、盘点作业的组织与管理。

③能够恰当完成仓储作业及配送作业的优化。

④能熟练操作仓储管理信息系统。

⑤能恰当处理在仓储作业管理过程中遇到的突发问题、异常问题。

3. 素养目标

在教学中始终将学生的素质教育放在首位,通过精心设计多种教学方法,充分利用多种教学手段,激发学生主动积极地参与到课堂活动中来,在学习专业知识和专业技能的同时,注重培养他们的素养。

(三)实施建议

1. 教材使用

第一,依据"双证融通"课程标准,结合学生基础、实训设备和专业特点选用、编写或补充教材。

第二,教材编排充分体现任务引领等行动导向型课程设计的思想,内容体现先进性、通用性、实用性。用典型工作任务为载体提升学生的职业能力及职业基本素养。

第三,教材应图文并茂以提高学生的学习兴趣,加深学生对仓库设备的认识,教材文字表述必须精练、准确、科学。

2. 教学建议

①在教学过程中,应立足于加强学生对仓储出入库作业流程的理解,结合仓储出入库操作设备,采用任务驱动的教学方法,以工作任务为引领,借助网络教学云平台的互动教学游戏,激发学生完成课题的成就感,逐步引导学生认识专业、喜爱专业,提高学生学习的主动性和积极性。

②课程教学的关键是以仓储作业流程和操作设备为载体,结合应用,创设工作情境,以"一体化教学"为模式,以学生为主体、教师为主导,以技能实训为主线,以综合职业能力为培养目标,紧密结合职业技能证书的考核要求,开展现场教学。

③教师示范指导,学生实践操作,师生互动开展仓储出入库作业、盘点作业、流通加工作业的教学活动。教师注意积极引导学生提升职业素养,提高职业道德。通过模块训练,实现教学的知识目标、技能目标、态度目标,提高学生的岗位适应能力。

④在教学过程中,要关注本专业领域新技术、新工艺、新设备发展趋势,贴近生产现场。为学生提供职业生涯发展的空间,努力培养学生的创新精神和职业能力。

3. 教学评价

①严格根据《改革试点实施办法》的要求,确定"双证融通"课程的教学评价方式。

②严格执行程序化考核,确保"双证融通"课程的考核结果与社会化鉴定结果等值。

③知识和技能考核参照程序化鉴定的模式,主要采用总结性评价;综合素养评价采用过程性评价,考核过程体现流程、规范、动作标准、职业习惯等形成性评价要素。

4. 资源利用

①依托本专业对应的中央财政支持的仓储与配送实训中心建设,创建一体化的课程教学实训环境,满足学生综合职业能力培养的要求。

②注重实训项目、实训指导手册的开发和应用。

③加强课程资源的开发,建立多媒体资源库,积极开发和利用网络课程资源。

④利用产学合作开发实验实训课程资源,充分利用本专业的合作企业资源,满足学生的实习实训需求,同时为学生的就业创造机会。

三、物流实训基地的建设

(一)物流实训基地资源共享的原则

1. 区域辐射学生为主体原则

物流实训基地的搭建最终目标就是为了更好地培养出高素质技能型物流人才,实训基地应该以学生为中心。实训条件、内容、方式、策略等的创新与转变,应始终秉持把学生培养成才的理念。学生是实训中心的主体,没有学生主动、积极地参与,任何好的教学条件都会导致实训基地的失败。因此,物流实训基地必须坚持以学生为本,提升基本素质、激发学习动机、掌握专业能力,调动其积极性和主动性,培养出合格的技能型人才。

2. 社会性原则

实训基地一方面为校内学生提供实训场所,另一方面要充分面向社会人才培训和行业企业员工培训、行业协会、社会培训机构和其他职业院校开展实训和鉴定。在本区域范围内,实训基地应努力发展成为集教学、科研、生产、培训多种功能于一身的场所。

3. 规范管理原则

实训基地管理工作包括基地规划与发展、实训过程管理与改革、仪器设备管理及维护、职业技能鉴定、固定资产采购与报废等诸多方面,涉及财务、总务、基建、教务、科研、专业系部等部门。另外,在资源过程中涉及人员繁杂、部门众多,因此,科学化管理是实训基地资源有效共享的前提。

4. 前沿性原则

先进性指区域共享型实训基地在实训设施设备、实训环境、技术要求等方面与行业企业发展同步,以行业科技和社会发展的先进水平为标准,软、硬件建设与国际接轨,在技术、设备、管理、教学手段等方面体现先进性与前瞻性。

5. 政校企互惠原则

在资源开放过程中实现政校企互惠,是实训基地资源共享可持续发展的关键。企业的规模不断壮大,生产工艺的日趋先进,企业应为学校更新日益陈旧的实训设施、更新教学内容,学校的教学水平得到提高。同时,在学校日益提高的教学水平背景下,为企业培养出所需的高素质、强能力、技术娴熟、适应快的技能型人才,使企业增强参与市场竞争的能力,同时也为政府解决农民工技能扶贫、待就业人员安置工作提供了有利条件,这样直接为企业的发展产生了效益,为政府建立了信誉。政校企互惠、良性循环、实现双赢是实训基地资源共享可持续发展的基础。

(二)物流实训基地资源共享的若干保障研究

1. 政策引导机制

高职教育人才培养涉及国家健康发展,是一项长期艰巨的任务。因此,要实现区域内实训资源的共建共享,应先建立覆盖社会的配套政策引导机制,通过强有力的政策引导保障实训资源区域共享的可持续发展。

(1)加大资金支持力度

对国内先进实训基地发展过程进行分析发现,无论上海公共实训基地,还是深圳等地的先进实训基地,之所以能够获得较快的发展,主要依靠政府强有力的投资加以保障实现。因此,政府加大资金支持力度是物流实训基地达到区域共享水平的关键。各级政府应根据财政收支情况,每年安排专项资金用于实训基地的进一步发展与维护。

(2)对行业企业提供一系列优惠措施

充分引导与调动企业参与校企合作,共建共享实训基地的积极性。

①加强税收支持

政府应对积极投入到校企合作,切实共建共享实训基地的企业,暂免或部分征收增值税、营业税、关税。

②加强融资支持

采取业务补助、增量业务奖励等措施引导担保、金融和外贸综合服务等机构为积极投入到校企合作的企业提供融资服务。鼓励银行业金融机构单列此类企业信贷计划,鼓励各大银行设立服务此类企业的专营机构。

③加强财政支持

对校企合作企业给予社会保险补贴;高校毕业生到此类企业就业,由市、县公共就业人才服务机构免费保管档案。

④加强宣传推广

政府以购买服务等方式,为此类企业免费提供市场开拓、品牌推广等服务。

⑤加强扶持此类企业开展信息系统建设

方便企业获得政策信息,运用大数据、云计算等技术提供更有效服务。

2. 战略联盟机制

一般认为,战略联盟是指由两个或两个以上有着共同战略利益或各具经营特色的职业院校和实体企业(或特定事业和企业部门),为达到共同拥有高素质员工、共同使用资源共同拥有(人才或产品)市场等战略目标,同时结成的优势互补、风险共担、生产技术双向或多向流动的一种松散型合作组织。战略联盟多为自发的、非强制的。联盟各方仍旧保持着原有职业院校或企业组织的经营独立性,但可以联盟共建共享共管实训基地。

可见,战略联盟是职业院校之间、院校与企业组织之间的一种中间组织形态。其内部既有实训教学的运作体制,又有企业的组织调控机制。它形成于职业院校与企业组织间的相互渗透。又与经济和人才市场有着密切的联系,是一种有发展前景的校企合作组织。它依托联盟各方共同的或各具行业特色的资源优势,提高资源利用效率,产生"1+1＞2"的人才培养效应。战略联盟的意图主要有以下几点:第一,掌握行业人才需求风向标,需求指向有助于制订决策发展的方向,促进当下教学课程改革;第二,实训专项技能,提高就业竞争实力;第三,吸纳现代企业管理经验,提升办学水平;第四,共享资源优势,规避市场风险,产生合作效应,提高设施设备的利用率,解决实训资金,培养紧缺人才。

具体可以从纵向与横向两个维度开展政校企战略联盟。

(1)第一维度

主要依托市政府机关建立专门的联盟管理职能部门,培养或选拔联盟经理,大力发展和争取区域内从事高职教育、实训实践、鉴定认证的高职院校、企事业单位加入共享战略联盟。政府加强对战略联盟的指导,维持协调联盟关系,适时开展联盟绩效评价工作。

(2)第二维度

制订校企联盟管理流程和方法,利用联盟成员可专享"会员级"特色资源或待遇的方式,争取和吸引区域内各实训需求主体加入共享战略同盟。

3. 资源整合机制

建立实训资源整合机制,目的是尽可能最大限度地有效利用全社会实训资源,提升产出投入比值,发挥实训资源的经济效益及社会效益。针对各种各类资源的不同属性,整合实训资源,既要解决当前各实训单元的条块分割、自成体系的问题,还须重点关注隐形资源的互融共享问题。整合内容涉及的范围非常广泛,有实训仪器设备、实训项目、实训数据与软件等显性资源,还须包括职业实训教育人才、技术和研究经验等隐性资源。实训资源的整合可以从两个方面开展:第一,依托互联网平台构建数字化资源库,旨在整合区域内各共享机构的实训仪器设备、实训项目等显性资源,并以静态形式提供资源共享、点播及查询;第二,搭建实时互动交流平台,旨在对于一些无法直接转化成为成果使用的,需要进一步提炼的经验知识等隐性资源,通过BBS、合作室、项目单元合作、研究探讨等多种渠道,使实训主体间轻松便捷地建立起互动与交流的桥梁,促进隐形资源的传播与共享。实训联盟成员可在平台上发布项目实训需求、探讨问题等,与他人进行互动与交流,高效便捷地获得实训所需的信息以及实训资源或人力资源。

4.技术支撑机制

技术支撑机制是通过建立、完善社会服务体系,实现面向各院校、企事业单位和社会提供职业技能培训、鉴定服务,是加强与政、校、企合作,提高实训基地运作效率的重要窗口与媒介。该机制是通过系统或软件的方式,将实训资源在各联盟成员间共享,提升实训资源获取、转化和共享的综合效益,促进实训资源在共享主体间顺畅、广泛的互联互通。着力改善技术支撑机制,重点搭建四大服务平台,提高面向区域需求的服务能力。

(1)搭建面向在校生的职业技能实训服务平台

该平台旨在充分发挥实训资源的教学功能,为区域在校生提供实训服务。增强专业知识系统性构建,重点培养岗位需求的实际操作能力,增强毕业生的专业核心能力和综合素质。平台负责发布教学相关信息,如实训进度与安排、实训成绩评估、在校生预约实训、在线学习、在线自测、在线答疑。

(2)搭建面向社会的职业培训服务平台

该平台的搭建使实训基地可以迎合社会发展、个人发展的需求,根据实际闲置情况适时对外发布职业技能培训信息,吸纳社会培训需求者前来参加技能培训,这不仅提升了实训资源的使用率,具有一定的经济价值,而且提升了社会技能人才的技术水平,满足了部分人员的职业发展需求,具有一定的社会价值。

(3)搭建面向社会的技能鉴定服务平台

通过该平台使实训基地与区域内人社局、教育局、质量技术监督局等部门实现无缝衔接,充分发挥现有实训基地鉴定站、考评点的作用,为校内实训生、企业技能员工、下岗工人等提供良好的技能鉴定软、硬件环境。平台对外发布鉴定安排与进度、鉴定等级、政策法规、区域鉴定工作相关统计报表等。

(4)打造技术创新发展平台

该平台旨在使校内教育教学与产业发展紧密结合,产学研环节紧密结合,以职业化人才培养为纽带,形成横向多元化、纵向多层次的校企合作新境界。通过平台的创建将真正打破企业技术人员与校内实训教师的隔阂,以项目研讨的形式共同推进技术研发与创新工作,不仅为企业解决技术难题,同时提高教师实训教学的综合素质与能力,共同完成校企合作项目的技术研发任务。

5.管理运行机制

实训基地管理运行机制既包括各实训主体间的有效协调,也涉及各类实训资源的管理、维护与控制。因此亟须从立法强制、政策引导、制度约束等不同层面建立起共享保障体系。

(1)组建实训基地统一协调、管理机构——实训基地管委会

管委会以教育部门、人社部门、相关院校、行业专家为主体。主要成员由政府直接任命,按照管委会章程开展工作,最终形成管委会统一组织协调,统筹安排指导,各责任院校具体贯彻落实的组织框架结构。管委会统一指挥、协调组织,整体调控实训基地的整体运行情况。

院校为实训优先提供各种资源如师资、资金和生源等,同时有权按职业教育目标要求设置若干指标。如学员考证合格率、学员就业质量、项目研究成果、市场满意度和财政业绩等来考核实训管理机构;实训机构管理人员和师资的招募考评、部门具体设置以及资金运作等事务,一概由管理部门负责。

(2)完善全过程监控与管理体系

第一,在实训共享联盟期限内建立配套的制度性体系,以规章制度或会员章程等形式明确各成员的职责与任务,约束各成员的行为,指导和管理各参与单位以及共享资源的正常运行;第二,加强联盟成员的资格审查,防止低劣实训主体、实训资源的掺入,不断审核各类实训主客体、保证共享成员的素质,保证共享资源的质量;第三,加强实训资源使用的过程控制和反馈控制,主要是通过加强实训过程监视、监管环节、设备盘点、检测、维修专人负责,台账登录及时、翔实,保证共享过程的可靠性、稳定性和有效性。

(3)稳固与发展师资队伍

第一,按"加强校企合作、引聘技术专家、培养教师骨干"的原则,通过"内部培养、生产实践、同行交流、企业引进"等方式,构建实训基地教师交流双向机制;第二,建立兼职教师资料库;第三,制订实训基地实践教学管理办法和基地教师能力考核办法,建立实训教学监控体系;第四,加强专业办公软件、实训教材与大纲等的软件建设。要想充分发挥人才培养效应,需要有好的软件做支持,如:专业软件、实训大纲、实训教材等。

6. 利益激励机制

利益激励的关键在于使不同主体能够持续从中获取自己的关注点,因此针对校企实训资源共享利益激励可以采取以下措施。

在校企合作的过程中,企业可以借助定性与定量相结合的一套指标评价体系,评估院校的实训贡献度,决策是否为实训基地贡献特色资源;校方可评估量化企业的实训贡献度,并根据各企业贡献度的不同将联盟中不同主体划分若干等级。企业等级高的好处:第一,政府政策性扶持的力度大;第二,校方将推荐优秀的人才到企业实习或就业;第三,实训基地优惠甚至无偿为该企业人员提供技能拓展培训。

第六章

智慧物流生态链系统形成机理与组织模式

第一节　基于生态位理论的智慧物流生态链自组织发展

一、智慧物流生态链的自组织发展新趋势

企业发展智慧物流的重要目标之一就是构建智慧物流生态链。在当前生态链建设的趋势下，越来越多的物流企业通过构建智慧物流体系，与多方合作伙伴共建形成了智慧物流生态链的组织。例如，京东物流提出了基于价值型供应链的智慧物流发展体系，旨在与合作伙伴一起共同构建生态化的智慧物流供应与服务体系；日日顺物流正在以发展物流生态为核心，向全面的生态企业转型；菜鸟网络则提出了数字供应链大脑，将与合作伙伴一起，通过建设国家智能物流骨干网，为整个行业生态效率的提升提供完善的基础设施。

自组织发展是指在没有外部指示条件下，系统内部各主体自发地按照某种规律形成一定的新结构的变化现象。在智慧物流生态链的发展中，各个成员由于技术创新、信息共享、供应链资源等，开始自发地进行功能匹配与生态合作，自组织发展是智慧物流生态链重要的发展趋势。因此，智慧物流生态链的自组织发展规律对于智慧物流生态链的构建具有重要作用，它有助于企业明确自身在智慧物流生态链中的定位，同时有助于企业把握在智慧经济时代下的最优发展路径。

相比传统物流，智慧物流生态链的自组织发展呈现新的发展规律与发展趋势。首先，以新兴技术的研发与引领作为自身优势的企业将遵循耗散结构理论的发展模式，先形成在传统方式上无法实现的技术壁垒，最终形成以技术为引领的智慧物流新生态。其次，以数据和流量作为自身优势的企业将遵循协同理论的发展模式，通过数据的互联互通、各主体的统筹规划，不断扩大智慧物流生态圈。最后，以需求拉动和供给推动为核心崛起的企业将遵循超循环理论的发展模式，发挥供需双重上升力，形成螺旋式上升，不断催化多方业务主体进入生态链，最终形成智慧物流生态圈。

二、自组织理论及物流与供应链的自组织发展

（一）自组织发展相关理论

当前科技、经济、政治都存在着自组织现象，不同社会生态系统中都在发生巨大的变革。在社会经济运作中，物流系统是一个渗透在各种经济关系中的庞大系统，它有着完整的组织架构，并且伴随着科技环境、人文环境的变化，物流生态中的各经济主体也以某种相互默契的规则各尽其责，同时彼此之间又自觉地相互协调，从而形成全新的有序结构。

（二）物流与供应链的自组织发展

物流与供应链的创新发展与系统演化体现了自组织发展的规律。在创新发展中，由于创新活动存在投入成本高、研发周期缩短、产出风险大等不确定性因素，企业自身的创新能力、技术能力和经济能力都受到一定的限制。供应链企业开始通过学习、收集、选择等交互行为来促进各成员之间的知识流动、信息传递、技术交换等，促使系统内部形成知识、技术、

资源等分享机制,这样各创新主体能够在共同目标的驱动下,自发有序构建起稳定的创新协同关系。在系统演化中,生态系统内部各成员通过竞争实现协同并产生序参量,序参量反过来支配和推动系统的演化发展。一方面,企业通过专注于核心产品价值的开发和学习其他成员的技术,成为系统中的关键成员,实现生态位的分离,确保自组织系统中的贡献作用。另一方面,系统内的各个企业(活动)相互连接、相互竞争、协同发展,从而促进企业间的频繁联结与自组织协同的稳定演化。在智慧物流中的技术创新与竞争合作冲突特点,促进了生态链的自组织形成与发展。例如,在云物流平台协同创新系统的协同演化过程中,通过信息、知识、物质和能量的相互交换,促进了云物流平台协同创新系统内部各子系统之间的协同创新,而且产生了许多协同创新的灵感与意愿,进一步驱动云物流平台协同创新系统向着更加有序的高层次演化。

三、智慧物流生态链的基本结构和自组织发展特征

(一)智慧物流生态链的基本结构和成员关系

智慧物流是一种由大数据、物联网、云计算等新兴技术驱动,在物流服务运作中实现自动化、可视化、信息化的全行业互联互通、共享共生的模式。一种以智慧物流生态链为基本形式的结构逐渐形成,其发展是不断整合的过程,不断创新的科技与传统行业的整合、不同行业间的交融整合、低层级与高层级的不断整合,最终形成类似自然生态网络的智慧物流生态链结构和成员关系。

在智慧物流生态链中,主要由供给生态群、生态运营商与需求生态群组成。从核心环节来看,智慧物流生态链包括三个核心环节:智能化作业、数字化集成与可视化运营。从支撑要素来看,智慧物流生态链的运作离不开高效的数据共享、各环节无缝衔接的信用机制与万物互联的物联网技术。坚实的信用将有利于打破企业间的壁垒,促进生态链内部的共享共生;高效的数据共享可以便于各主体间的交流,促进生态链内部的互联互通;物联网技术的应用会提升各环节、各节点的效率,由量变实现质变。所以在各成员生态关系的构建过程中,信用资、数据、技术将会是最大的推动力,这三个支撑要素在智能化作业、数字化集成、可视化运营的实践中,共同影响智慧物流平台的系统性、整体性、开放性和动态性。

(二)智慧物流生态链自组织发展特征

在智慧物流生态链的自组织发展中,其与传统物流最大的区别就是它的系统性、整体性、开放性和动态性。

智慧物流生态链的自组织发展具有系统性。传统的物流优化往往仅着眼于单一节点效率最大或是双环节间的效益权衡,而智慧物流打通的是全链条、全网络和全行业。以往,物流企业仅是对运输、仓储、包装、配送等各环节单独进行优化,提高单环节中的机械化、无人化、数字化等程度。但在智慧物流时代,企业要把握智慧技术核心,发挥智慧技术特点,利用生态链中信息共享、数据互通的特点,将运输系统、仓储系统配送系统等进行整合优化,故而智慧物流生态链自组织发展充分体现了系统性。

智慧物流生态链的自组织发展具有整体性。智慧物流生态链是一个具有特定的社会、经济功能，由诸多主体按照一定方式组成的有机整体，不同的主体之间相互联系、相互影响和相互作用。在智慧物流生态链中，物流主体自身的发展直接影响到智慧物流生态链整体运作能力的强弱，智慧物流生态链既是一个密不可分的静态有机整体，同时又是一个通过相互影响、相互制约与相互适应达到最佳相对稳定的动态有机整体。

智慧物流生态链的自组织发展具有开放性。智慧物流生态链作为一个社会系统、经济系统，其本质上就是内部主体之间、主体与外部环境之间，资源和能力的交流、协同和整合。一方面，智慧物流生态链中的主体可以忽略时间和空间的限制随时随地地加入和退出系统，并且通过加强主体的协同力和整合力使系统功能得到强化；另一方面，智慧物流生态链在不断地与外部环境进行物质、能量和信息交换的过程中，能够实时地做出适应性调整，以达到系统的适应性自稳。因此，为了能够与外部环境相适应、维持自身的生存和发展，开放性是智慧物流生态链基本的条件之一。

智慧物流生态链的自组织发展具有动态性。智慧物流生态链是一个由诸多主体构成的系统，随着时间的推移、环境的变化与自身发展的需要，其内部的形态、功能、状态、各种机制等并不是一成不变的，而是不断变化的，需要不断地对其进行调整，这是一个充满动态性的演化过程。智慧物流生态链会随着外部环境的变化而发生转换、演化和升级，从当前状态跃迁到新的更有序的状态，进而呈现出新的稳定态势。

(三)智慧物流生态链的三种典型自组织模式

在物流行业的发展中，已然经历了多次自组织变革，每一次的"震荡升级"都是在特定的历史节点与环境催化下完成的，并且形成更高层次的物流价值提升驱动力，使物流行业愈加成熟，价值不断提升。当下由于智慧技术的广泛应用与供需格局的变化，正是物流行业再一次进行自组织变革，承前启后开启第四阶段智慧物流生态时代的转折期。物流行业通过内部协同调整，不断形成更加成熟的生态模式，同时不断创造新的价值，形成产业价值的增长，最终形成质变。

四、智慧物流生态链自组织机制研究

(一)基于耗散结构理论的智慧物流生态链自组织机制研究

物流行业已经达到了再一次质变的关键节点，这是因为从自组织耗散结构理论出发，智慧物流已具备其质变所需的所有条件和前提。

首先，智慧物流生态链是一个开放体系。世界经济高速增长，物流将各行各业的经济主体连接沟通，所有经济主体都可以融入智慧物流生态体系中，这从根本上颠覆了传统的市场法则，打破了传统企业边界。随着企业边界的打破，市场主体的增多，物流业更加开放，逐渐建立共生型的产业生态体系，更加开放、包容、平等地对待同行、客户和关联方，更加依靠协作来实现共同发展，为智慧物流生态链自组织发展提供条件。

其次，当前物流业生态链正在远离平衡态。非平衡是有序之源，传统的物流主体间在技术和地域限制的情况下,持续保持着"混沌的平衡",而当前传统的供需匹配稳态已经被大数据、云计算的加入所打破,由于目前智慧物流生态链的发展还是初级阶段,所以仍呈现出的是一些有序态,但随着生态系统内部的自组织发展,新加入的平台主体和技术手段都将与系统完美融合,呈现出下一阶段的"无序的平衡"。

再次,智慧技术的应用是一种非线性作用。由于大数据的爆发,使体系内各要素之间具有整体效果超出局部线性叠加的非线性作用。

最后,智慧物流已形成涨落作用的启动力。当前如京东物流、阿里巴巴等平台企业已经把大数据、物联网等智慧技术运用到物流运作当中,并发挥出了领先优势,带动其他物流主体纷纷加快脚步,智慧物流生态中的自组织发展已经进入加速阶段。

(二)基于协同理论的智慧物流生态链自组织机制研究

智慧物流协同发展应包括三个层次:结构上从无序到有序;功能上由低组织系统到高组织系统;构成上从简单到复杂。智慧物流生态链的协同自组织演化逻辑,并显现以下两方面特点。

1. 系统内各主体的"不稳定"发展

协同理论中的不稳定性指的是系统内部具有相互连接、相互积极建设的趋势。在当前形势下,行业边界与公司业务边界愈加模糊,不断被打破、整合,公司间也不断发出共生信号。

2. 平台作为中心序参量显示出支配地位

协同发展的核心就是打破壁垒实现联结整合,而平台化运营模式正有助于打破条块的界限,将企业间横向和纵向的数据进行实时共享,打通以平台为核心的系统内部的数据界限,实现快速链接。所以在智慧物流生态链的协同发展中,会以平台序参量为中心,以技术、数据、信用资本为动力,以智能化作业、数字化集成、可视化运营为目标,形成智慧物流新生态。

在商业实践中,各主体间的合作竞争是一种常态化行为,但是正是这种合作与竞争的协同演化,使得市场获得自组织进化动力,有利于智慧物流生态的发展。

第二节 智慧物流生态链组织协同影响因素研究

一、智慧物流生态链组织协同发展的背景

在万物互联成为趋势的背景下,任何一家企业都难以独立地在市场中生存,而是通过加强上下游的关联,以供应链的形态参与市场竞争。因此,供应链的重要性日益凸显,供应链绩效的衡量和提高成为被关注的问题。从概念上讲,供应链绩效衡量了所有供应链成员及其之间联系的所有绩效。供应链绩效可以通过销售额、灵活性和协同等各个方面衡量。然而,在物联网、5G、区块链等新技术的冲击下,当前供应链仍需不断进行组织内部调整以快

速适应新的外部环境,因此实现供应链协同成为提高供应链绩效的基础与核心。

在物流服务供应链中,越来越多的物流企业采用数字化技术与信息系统进行智慧化学习和决策,实现与其他企业的协同,以期形成一个可持续改进和优化的智慧物流体系。智慧物流以数字化、可视化、平台化为重要特征,彻底打破了信息孤岛,使物流服务供应链上下游成为一体化运行的整体,因此,智慧物流生态链是以数据共享、信用机制、物联网技术为支撑,由供给生态群、生态运营商,以及需求生态群组成的新型供应链结构。其中,上游的多个物流服务提供商相互关联并进行差异化竞争,共同构成了供给生态群;下游的客户之间通过社区交流汇集个性化需求,进而形成了需求生态链;物流生态运营商负责通过平台运营中心,在大数据、人工智能等先进技术的支持下,通过赋能创造不同的生态化场景,以实现两个社群的高效匹配。

智慧物流生态链的出现打破了原有的物流组织秩序,构建新组织关系,实现上下游的协同成了重要的运营问题。这种协同被定义为一种伙伴关系过程,其中不少于两个独立的各方携手合作,共同策划和执行生态链运作,以实现共同的目标和互惠互利。此外,智慧物流生态链的出现导致生态链组织协同的影响机理也发生了变化,例如,平台运营商的数字赋能与信息共享成为组织协同有效的重要因素,并且数字赋能能力受到多维度因素的影响,包括智慧化技术、客户需求与同行竞争。因此,构建一个智慧物流背景下的组织协同理论框架将有助于管理者更加科学地认识智慧物流运作中各类主体之间的关系,从而有效提高智慧物流生态链绩效。

二、智慧物流生态链组织协同的关键问题

(一)产业实践的表现与关键问题

生态运营商利用数字化技术进行赋能,不仅是提高生态链竞争力的重要技术手段,也是实现生态链组织协同的关键技术。物流生态链上的数字赋能是指占据主导权的物流生态运营商主动提高客户的体验水平,或者通过R&D投资、技术共享等方式帮助处于弱势地位的企业提高数字化水平和决策能力,从而实现供应链效率的提升。以京东物流为例,通过数字化技术应用和革新,京东物流实现了向上游物流服务提供商与下游客户的赋能,供应链上下游以大数据平台为纽带紧密联系在一起。对于上游物流服务提供商来说,可以充分依靠京东大数据平台,深度挖掘供应链环节存在的价值开发点。对于下游客户来说,京东物流不仅给个体客户带来更加快捷和准确的快递服务,也给销售企业带来了高效的增值服务(如订单分析、库存管理、动态定价等),帮助他们解决产品销售全流程中的问题。

总之,智慧化平台的出现使得核心企业能够更多地为合作伙伴和客户进行赋能,从而提高了整个服务链的组织协调性。

(二)智慧物流生态链组织协同影响因素研究框架

智慧物流生态链组织协同影响因素是一个复杂的研究问题,难以通过定量研究方法对其进行探索。相对于统计分析法的缺陷,案例研究通过研究者与被访问对象之间更加全面

和深入地接触,通过与管理者面对面沟通,使得研究者能够发现与实际相关的知识,构建具有普遍解释能力的理论框架,从而能更好地解决管理中的实际问题。

由于案例研究可以分为探索性的案例研究、描述性的案例研究、解释性的案例研究三种类型,应根据不同的研究目的选择一种或者多种案例研究方法。因为主要研究目的是探索智慧物流生态链组织协同的影响因素及影响机制,所以,采用探索性案例研究与解释性案例研究相结合的方法,则能够更好地实现本章研究目的。这种方法通常需要假设的提出与案例数据的验证同时进行,是案例研究及定性研究中一种经常使用的方法,常常被用于理论框架构建的研究。

与单案例研究相比,多案例研究可以使探索性案例研究更加自然,通过观察实践获得更丰富的见解。同时,多案例研究通过案例之间的复制原则,提高案例的外部效度水平,有利于验证研究结论。

1. 数据搜索

数据来源主要包括四个方面。

(1)设计案例研究草案及调研提纲,与企业管理者和部分员工进行初次访谈。在初次访谈前,调研团队全体成员检索与本研究有关的前期研究成果,起草案例的研究草案,并根据被调查企业的情况,共同商议拟定相应的调研提纲。初次的访谈过程包括到该企业进行实地访问,与公司高层领导启动调研会议,让公司了解本研究的目的,使公司能够更加准确地反馈本研究所需的信息,并获得企业的基本信息和其他相关资料。

(2)根据初次访谈过程调整调研草案,与各企业高层管理人员进行更深入的半结构化访谈。目的在于了解受访公司面对的客户需求、自身具备哪些服务能力以及市场中存在哪些同类竞争者,重点了解新服务产品设计过程中各因素的影响作用。

(3)整理访谈资料,对回答不明晰或补充问题进行再次访谈。访谈结束后对访谈资料进行整理,包括提纲中的问题和现场补充的问题。通过对资料的整理,找出对方回答不明晰的问题与还需要补充的其他问题进行补充访谈。如果需要补充的问题较少,应以邮件形式发送给被调查者。

(4)查找其他二手资料。对能够得到的行业报告和内部文献进行整理,对于公司已发布的相关信息如企业基本资料等进行收集。

2. 数据分析

数据分析过程主要分为两个步骤,案例内容分析及跨案例分析。案例分析主要目的是明确每个公司物流服务能力的匹配过程。在对每一个案例进行充分理解后,开始进行相似主题的跨案例分析,通过初步的理论构想和假设形成初始框架,再通过复制逻辑形成简化概念模型。

由于智慧物流生态链涉及从需求认识到最终订单完成的整个过程,因此,将每个企业高层管理人员对智慧物流组织协同关系的描述进行对比分析。遵循案例研究中建立理论的方法和原则,将分析命题和提出命题结合起来,通过列表和对比得出假设性命题。在得出这些假设性命题之后,重新检查每个案例,看数据或其他信息是否支持这些命题,若支持,则采用这些案例来增强对潜在理论框架的理解。

3. 智慧物流生态链组织协同关联机制

(1)数字赋能能力与生态链组织协同程度之间的关系

在移动互联、大数据、云计算、人工智能、区块链等快速发展的背景下,企业与各类利益相关者有效连接并构建生态链,以此形成了强大的竞争力。而赋能的出现使得生态链中组织连接更具持续性和灵活性,成了生态链不断产生竞争优势的动力。"赋能"最早是积极心理学中的一个概念,旨在通过言行、态度、环境的改变给予他人积极能量。后来,这一名词被广泛应用于商业和管理学,其思想出发点是企业由上而下地释放权力——尤其是员工们自主工作的权力,使员工们在从事自己的工作时能够行使更多的控制权。不仅在企业内部存在赋能,生态链上企业之间也存在赋能,具体体现在占据主导权的生态运营商通过技术研究投资、技术扶持等方式帮助处于弱势地位的企业进行决策,从而实现供应链整合。

物流生态运营商数字赋能能力是指通过数字化平台的连接,物流生态运营商可以帮助其他成员提高数字化能力或体验,从而实现供需之间资源的最优配置。物流生态运营商不仅要向供给生态群进行赋能(如降低服务提供商的成本),也要向需求生态群进行赋能(如优化服务,给顾客带来更好的体验等)。在需求个性化,竞争日趋激烈的市场中,技术水平较高的物流生态运营商不应"独自行动",而应通过赋能抓住与供应链上下游合作和协同发展的机会。正是通过赋能,供应链上下游的企业创造了解决共性问题的机会,从而更好地实现整体资源的调度和配置。一旦服务企业提供的服务能力与客户需求均实现了良好的资源配置,供应链组织的运营将更加高效并能获得良好的市场反应。

在物流生态链的实际运作过程中,物流生态运营商的数字赋能能力很容易受到外部环境的影响。如客户需求、竞争环境等外界因素会对物流生态运营商带来全方位的挑战,并考验着其对于生态链的掌控、协调与整合能力。此外,物流生态运营商的数字赋能能力不容易被量化和识别,因此这个变量不独立作用于智慧物流生态链组织协同,而是充当了其他影响因素与智慧物流生态链组织协同的中介变量,其他因素通过影响赋能过程间接决定了智慧物流生态链组织的协同程度。

(2)信息共享水平与智慧物流生态链组织协同程度的关系

由于全球竞争日益激烈,客户对物流服务的期望越来越高,因此所有企业都在寻求增加其组织间的协作网络,并在供应链中创造顺畅的物流、信息流和资金流。通过获取可用数据并与供应链中的其他各方共享,可以加快供应链中的信息流流动,提高供应链的效率和有效性,并更快地响应客户需求的变化。因此,信息共享水平对于智慧物流生态链的重要性不言而喻。

共享市场信息和数据已被公认为减少需求扭曲,改善供应链绩效,提高供应链协同程度的有效方法。从供应链管理的角度来看,在客户订单、生产计划、库存等方面的准确数据记录与高效信息共享将有助于缓解牛鞭效应,也是实现供应链成员联合决策的关键。一方面,数据信息的共享通过调节供给和需求,改善了供应链流程,以实现物料流动并降低库存成本。另一方面,信息共享使组织能够实现可靠的交付并将产品快速推向市场,从而实现高效的生态链运作与协同。

为了更好地管理供应链中信息流,许多人员确立了信息共享水平的衡量指标,为供应链上下游间信息共享策略调整提供参考和依据。由于信息共享水平可以通过外部显性指标测量并直接影响生态链的协同水平,因此将该因素称为外部显性变量。

(3)数字赋能能力的影响因素

①智慧化技术投入

近年来智慧化技术例如云计算、物联网、大数据、移动互联网等在制造业和工业领域的应用层出不穷。通过研发新的技术和智能算法能够帮助解决智慧物流生态链协同过程中信息量大、服务提供商所提供的数据不精准等问题,实现了对供给生态群的赋能。此外,智能算法和信息系统的改进能够帮助智慧物流生态链更好地满足客户需求,实现对需求生态群的赋能,例如使路径优化更加成熟、信息沟通更加实时高效等。总之,生态运营商在赋能过程中呈现出一定的技术依赖性。各种智慧化技术相互整合,帮助实现各种制造或服务资源的智能匹配,从而有效提高生态运营商的数字赋能能力。

②同行竞争

竞争的作用体现在两方面,一方面,竞争的增加会促进生态运营商向服务提供商赋能,从而帮助其有效配置资源,为组织提供降低成本、提高产量、持续创新的动力。另一方面,随着不断加剧的竞争,优秀的竞争者会促使物流生态运营商进行对比,去分析自身产品的不足之处,提升服务质量,从而更好地为客户赋能。只有那些能够随着竞争环境变化不断调整对提供商和客户资源配置策略的企业,才能够创造并且保持竞争优势。

③客户个性化需求

个性化需求是消费者表现出来的个人偏好,包括对产品特征、购买地点、购买时间等的不同偏好。只有当生态链服务的结果与客户期望一致时才能使客户对智慧物流生态链的服务感到满意。客户个性化需求往往是物流生态链建立的起点。物流服务只有与客户个性化需求基本一致才能使客户感到满意.物流生态链才能得到更好的发展。在当下全球竞争加剧的背景之下,客户需求定制化程度不断提升,准确把握客户需求对于物流生态运营商实现赋能的意义重大。

在智慧背景下,物流公司不再仅仅提供简单的基础服务,而是要向客户赋能:服务提供范围更宽且服务更具深度,不仅会按照客户需求提供服务,也会较为主动预估客户需求。因此当用户需求发生改变,企业可以快速做出响应,更好地实现平台赋能。然而,随着用户个性化需求逐渐升高,生态运营商难以预测并及时响应顾客的需求,并向其提供满意的增值服务,这给生态运营商带来了挑战,因此生态运营商难以向客户进行精准赋能。进一步地,这也会影响到生态运营商向供给生态群中的组织赋能。但是从长期来看,正是客户个性化需求的提高使得生态场景不断细分,倒逼生态运营商革新技术和运营方式,快速响应外界的复杂变化,从而更加精准地为供应链上下游成员赋能。

④数字赋能能力与信息共享水平的关系

信息共享水平和数字赋能能力的提高都会改善生态链组织间的协同程度,因此二者是并列关系。与此同时,数字赋能能力和信息共享水平存在互动。一方面,当生态运营商向生态链其他组织开放更多权限时,生态运营商可以观测到上下游节点上更多的活动与信息。例如,生态运营商可以通过区块链技术将组织聚合在一起,通过设定不同的权限实现交易数据等信息的记录和共享。另一方面,通过向整条生态链充分赋能,客户和服务提供商的主动性就可以被充分调动,他们也愿意分享更多的数据与信息。当数据足够充分时,数据的价值就存在,生态运营商就可以将更多的数据转化为有用、准确的信息并实现组织协同。因此,生态链的上下游都紧紧围绕生态运营商,更加有动力地提供高水平的服务,从而提高客户的黏性。

⑤智慧物流生态链组织关联机制理论框架

首先,智慧物流生态链组织协同程度与两个主要的变量直接相关,一个是生态运营商数字赋能能力,另一个是信息共享水平。一方面,作为生态链发展的核心动力,生态运营商的数字赋能能力越高,依附于生态运营商而生存的企业技术水平越强,主动权越大,在战略层面使得整个生态链的组织更具凝聚力,企业也会为提高整个生态链的竞争力而协同努力。因此,数字赋能能力越高,组织协同程度越高。另一方面,作为生态链发展的技术目标,信息共享水平越高,企业之间的信息误差越小,如此降低了组织间的摩擦,合作程度更加紧密,从技术操作层面有利于实现组织协同。因此,信息共享水平越高,组织协同越紧密。

其次,数字赋能能力越高,越能激励信息共享水平的提高。当生态运营商开放了较多的权限并为整条生态链充分赋能时,客户和服务提供商的主动性就可以被充分调动,更多的数据可以被检测到。当数据足够充分时、数据的价值就存在,生态运营商将更多的数据转化为有用、准确的信息,从而实现组织协同。

最后,智慧化技术、同行竞争、个性化需求三个因素也会影响智慧物流生态链组织协同程度,但这种影响机制是一种间接影响,必须通过数字赋能能力这一变量来影响组织协同。具体来看,智慧化技术对数字赋能能力产生正向影响,同行竞争性也会正向影响数字赋能能力。有趣的是,短期来看个性化需求要素会负向影响数字赋能能力,但是从长期来看,个性化需求的增加有利于数字赋能能力的提高。

4.智慧物流生态链组织协同发展的建议

数字赋能能力和信息共享水平越高,生态链组织协同程度越高。并且数字赋能能力的提升会激励生态链组织信息共享水平的提高,从而间接地提高生态链组织协同程度。因此,管理者可以借鉴本章的理论框架,以此促进企业智慧物流生态链构建过程的协同发展。

首先,生态运营商需要从战略层面认识到赋能是实现生态链组织协调的基础,也是提高生态链信息共享水平的动力。在实践中,企业可以通过战略协同规划为实现组织协同提供动力。其次,生态运营商要统筹各种影响因素,在战术层面采取不同措施提高数字赋能能力。例如,利用和整合智慧化技术,帮助生态链中的其他企业做出准确的判断与预测;积极对待同行竞争,通过行业内优质服务激励自身不断完善,不仅给顾客提供更优质的服务,也能提高生态链上下游对接过程中的契合程度。再次,企业之间数据实现充分共享是实现智慧物流生态链高效协调运作的必要保障。正如实践中,企业可以建立数据集成平台以降低数据传递过程中的失真和迟滞。最后,企业应当正确对待个性化需求增加给企业发展带来的影响。虽然个性化增加给企业生存带来了挑战,但是通过深度了解客户需求,企业可以摸索与分析细分场景,从而实现精准赋能,这有利于实现供应链上下游协同。

第三节 电商平台主导下的智慧物流生态链组织效率的影响因素

一、电商平台主导下的智慧物流生态链发展背景

智慧物流生态链是以数据共享、信用机制、物联网技术为支撑,以平台运营中心为核心,由供给生态群、生态运营商、需求生态群组成的链状结构。其中,两端的供给生态群和需求生态群通过物联网形成社群,使得提供商之间,客户之间产生相互影响。生态运营商负责通过平台运营中心,在智慧仓储、智慧云配等技术支持下,实现两个社群的高效匹配。

近年来,我国电子商务与物流协同发展不断加深,推进了物流智慧化转型升级。各大电商平台都纷纷构建起慧物流生态链,电商主导下的智慧物流生态链快速发展。相比于一般类型,电商主导下的智慧物流生态链由电商订单驱动,电商平台运营商负责物流供给生态群和需求生态群的高效匹配,其客户需求更加个性化、多样化,其供给端的协作与沟通要求更高。因此,电商平台如何高效匹配供给端与需求端,如何提高生态链的组织效率具有更加重要的作用,这是实现其主导生态链的稳定、健康发展的关键。

二、电商平台主导下的智慧物流生态链结构

从基本结构来看,电商平台主导下的智慧物流生态链主要由三个部分组成,供给生态群、电商平台与需求生态群。

电商平台主导下智慧物流生态链的运作由订单驱动,运作过程主要包括三个环节:服务提供商基于信息共享的协同运作、电商平台全面智能化整合、末端客户服务的多场景化。

对于供给生态群中的服务提供商而言,其在智慧物流生态链的运作过程中主要是利用物联网技术,实现提供商社群高效的信息共享和互动。每个智慧物流生态链相关成员都充分发挥其所在领域的优势,共同完成订单要求。

同时,商贸、金融、物流各类企业协同运作,依托于智能化分析技术实现上下游高效协同的任务分配。

对于电商平台运营商而言，其在智慧物流生态链的运作过程中主要是利用优质的管理水平和先进的互联网技术，实现数据应用的开放、透明、共享；并通过整合电子商务企业、第三方物流服务商、供应链服务商等企业，支持物流行业向高附加值领域发展和升级。

对于需求生态群中的客户而言，末端服务的多场景化也是关键一环。在该环节中客户之间的互动会产生多样化的需求，引导电商平台联合供给生态群中的服务提供商推出多种服务产品，如"一小时达""当日达""送货上门"等，以满足甚至超过客户预期，并且在物流过程结束之后，还会有客户评价以信息流的方式反馈到电商平台和提供商社群，用来提高生态链供需匹配程度。

三、数据来源

数据来源包括三个方面：高层管理人员的初次访谈，公司高层管理团队成员的半结构化访谈，第二手资料。

（一）对高层管理人员进行初次访谈

访谈首先要求描述公司的智慧物流发展情况，其次要求对公司的核心能力、主要竞争对手、经营业绩等情况进行介绍，最后请每个高层管理人员针对电商平台主导下的智慧物流生态链的组织效率提出可能的影响因素，研究人员选择若干因素进行深入研究，并在之后与公司高层管理团队成员的半结构化访谈中详细阐释。

（二）对高层管理团队成员的半结构化访谈

根据初次访谈得到的影响因素初步构建影响机制的理论框架，提出命题假设。制订出详细的访谈问卷，由11个无确定答案的问题组成。在访谈时可以补充一些能够提高访谈效果的问题。访谈通常持续30分钟到60分钟，但有时长达两个小时；访谈主要是对初次访谈的内容进行深入分析，同时也是对初次访谈的补充。

（三）对能够得到的行业报告和内部文献进行检索

收集整理公开可得的各家公司情况、财务绩效等，对这些信息进行非正式观察并收集数据，充分掌握公司的智慧物流发展历程及最新动态。

四、电商平台主导下的智慧物流生态链组织效率影响因素

（一）生态链的技术创新能力与智慧物流生态链组织效率的关系

技术创新就是一种新的生产函数的建立，即实现一种从未有过的生产要素和生产条件的新结合，并将其引入生产体系。生态链的技术创新能力是指在智慧物流生态链中应用的现代化技术工具，并开发新技术的能力。技术创新能力的发展能够实现企业组织绩效的提高。由于颠覆性技术的快速发展，今天的企业正面临着前所未有的变化速度——组织必须发展它们的商业模型。

物流服务供应商应用新技术的意愿与供应链组织绩效之间存在正相关的关系。技术创新能力的提高将有效提高物流业的供应链组织绩效。通过物联网、云计算等新技术构建智

慧物流生态链的组织形式,从而使大数据技术的创新发展促进生态链信息共享,推动其组织效率的提高。

(二)生态链履约与智慧物流生态链组织效率的关系

为了生态链能够平稳运行,生态链成员需要制订契约,对生态链各节点上的企业进行协调,使之高效合作。契约是一种协调机制,它为供应链所有成员提供激励,使分散的供应链行为接近或完全等同于一体化供应链。契约的制订与执行能够有效地提高供应链绩效,例如,期权契约的执行可以使供应链协调得以实现,从而提高供应链绩效。类似的,生态链上各企业是共生共存的,因此生态链契约就至关重要。生态链上契约的严格履行能够有效提高生态链绩效。

(三)其他因素对智慧物流生态链组织效率的影响

1. 国家政策

政策扶植的影响在科研创新方面体现为科技改革在激励高校和科研院所、增强企业创新能力、促进产学研结合等方面发挥了积极作用。国家政策的倾斜,会有效地促进相关产业的发展。物流业对现代社会的影响巨大,已被公认为是主要的生产服务业之一。在绿色供应链管理方面,响应国家建设生态友好型社会的号召,开始研究寻求可持续发展的绿色供应链管理。在助推技术创新能力方面,通过有效的技术政策促进国内技术发展,能够使企业成为技术升级的主要力量。同样,智慧物流的发展也能加速物流业降本增效的进程,国家政策的鼓励和支持能够有效减少生态链技术创新过程中的障碍。

2. 消费者需求

随着经济的不断发展,单一服务已经不能满足消费者日益增长的需求。在智慧物流生态链中,各社群电子交易设施、物流服务组、商业金融组和信息支持组被组织和安排在因特网上相互通信和交换信息,以便向客户提供物流服务。同时,消费者需求异质性为供应方对技术生命周期提供了解释,技术满意的消费者在形成创新激励机制中发挥作用。这意味着消费者需求的多样性能够激励企业的技术创新。在生态链上,每个成员的努力都与消费者市场不断变化的需求相一致)。企业采用基于消费者异质性的策略可以产生竞争优势,没有资源或能力的模仿障碍,消费者成功地驱动了创新。以消费者需求为导向,不断提升服务质量,在保证物流基本要求的情况下,提供超过消费者预期的服务,这就需要技术创新水平的不断提高来支撑。

3. 生态链间竞争

在生态链长期发展的过程中,竞争对技术创新的推动作用是不可忽视的。竞争显著促进了企业的供应链管理水平提高和供应链整合。在供应链竞争中,企业通过信息技术的创新,以及提高信息共享能力来不断的加强其竞争优势。同样,生态链之间竞争会促使企业加快技术创新的步伐。为了在竞争中占据有利地位,获得更大的市场规模,电商平台生态链需要不断增强技术创新能力,推出具有独特性并且不可替代的服务来吸引消费者,从而扩大市场规模,创新型技术的应用是提高智慧物流生态链效率的根本。

4.信息共享

只有成员有意愿共享其信息才能建立更深层次的契约关系,才能构建深度履约的有凝聚力的生态链。信息共享和信息介质对供应链合作伙伴的信任和供应链合作伙伴之间的共同愿景有积极的影响,促使成员积极履约。信息共享有助于减少合作公司的不道德行为,同时促进在长期合作关系中履约。尤其是当企业信息不透明时,信息共享减少了违约,使得企业深入履行契约,因此,在电商平台主导下的智慧物流生态链中信息共享也是很重要的。借助于电商平台强大的整合能力,信息共享能够有效地实现资源共享,并且根据客户的订单信息,使物流商对其路径安排、仓库选址等进行合理规划。

信息技术的发展使得全球供应链伙伴之间的信息共享成为可能。新的信息技术使得信息共享对各成员的协调作用更加紧密。技术创新能力的提高会使信息共享的效率和质量都大幅提高,进而促进信息共享水平与履约之间的正向关系。

(四)电商平台主导下的智慧物流生态链技术创新能力与契约履行程度的关系

电商平台主导下的智慧物流生态链上企业的履约程度往往比传统的合作关系的履约程度更高。这是因为电商平台主导下的智慧物流生态链企业互动增加,关系更加紧密。技术创新能力提升意味着更多的技术创新将会应用到生态链中,例如数据共享、信息管理平台的建设,这会极大地加强社群中成员企业间的交流沟通,彼此掌握对方更多的信息,一旦出现违约情况,对自身造成的损害是不可估量的。例如:供应商管理库存(VMI)模式下信息共享可以有效降低违约风险;物联网平台在仓库管理上的创新应用能够有效提高动态环境下仓库分散管理的反应能力,提高企业的履约程度。生态链的技术创新能力的提高会加强契约履行,促成生态链企业更深层的融合,从而建立起长久的合作关系。

五、电商平台构建智慧物流生态链的建议

生态链技术创新能力和生态链契约履行程度,得到了生态链组织效率影响因素的理论框架。这可以作为电商平台管理有实施智慧物流生态链管理的借鉴依据。

第一,电商平台在构建智慧物流生态链时应当注重技术创新能力的提升。智慧物流生态链的全流程运营离不开技术的支持,对电商平台这一在互联网基础上发展起来的产业来说更是如此,从提供商社群的智慧仓储、运输等环节,到电商平台的可视化管理、上下游的高效匹配,都离不开现代通信技术的创新发展。加大技术创新的投入将会有效提升智慧物流生态链的组织效率。

第二,电商平台管理者需要把握技术创新能力与生态链契约履行之间的关系,以促进成员履约。首先,依据电商平台自身的发展战略制定合理的生态链契约。其次,分析国家政策、消费者需求,以及生态链间竞争对其技术创新能力的影响,并把握技术创新对信息共享与生态链契约履行关系的调节作用。借助国家政策的推动,差异化竞争,深度了解客户需求,对内外部情况做出准确的判断与预测,从而更好地创新智慧物流技术,构建高效的智慧物流生态链。

第四节 基于社会网络分析法的智慧物流生态链可持续运营风险评价

一、智慧物流生态链可持续运营风险概述

智慧物流生态链在快速发展的同时,可持续运营风险也跟着凸显。影响智慧物流生态链可持续运营风险的因素有很多,这些影响因素可能来自政治、经济、环境、竞争对手或者合作伙伴。并且,风险因素之间往往密切相关,一旦危机爆发,会使得生态链风险迅速蔓延,并引发级联效应,最终导致风险事件的二次升级,使得风险沿着智慧物流生态链的节点路径放大产生灾难性后果。

而且对于很多物流企业来说,智慧物流生态链并不只有一条。以日日顺物流为例,其针对不同行业构建了八条不同的物流生态链:家电物流、健身行业物流、家居物流、3C行业物流、快消品行业物流、领先1KM物流解决方案、国际运输物流及农特生鲜冷链物流。因此,对于企业而言,除了识别生态链中的关键风险因素外,它们还需要知道不同生态链风险的大小,以保证整个企业生态链的稳定运营。因此,了解智慧物流生态链风险因素之间的关联关系,能够有助于了解并制订有效的风险防范策略,以实现生态链的持续运转。

社会网络分析法是一种通过构建各因素间相互关系的社会网络图,来分析各因素间关联度,以及各因素对整个系统影响程度的一类网络分析方法。智慧物流生态链中的各个风险影响因素不是相互独立的,更多时候它们是牵一发而动全身。社会网络分析法能够很好地分析各个风险影响因素之间的关联关系,能够以生态链的内外部环境为导向,来探讨风险网络中的关系强弱、网络规模与联系机制,从而更好地识别出影响智慧物流生态链风险的关键因素,达到降低生态链风险的目的。

二、供应链风险识别、防范与社会网络分析法

(一)供应链风险识别与防范

按照供应链中断时应对时间的不同,供应链中断应对可以分为事前防御、事中控制和事后应急三种形式。

①事前防御是指中断事件发生前即采取相应行动消除其引发的部分扰动,以降低该事件最终导致供应链中断的概率。其中多源供应、保持适度库存冗余是应对供应链中断事前预防的有效措施。

②事中控制主要集中在应急计划的实施,包括进行需求管理、使用后备供应源等。

③事后应急即在供应链中断出现后迅速响应、恢复行动,防止供应链出现永久性中断或是崩溃。

智慧物流生态链是当前智慧经济的重要组成部分,它具备数字化、可视化、平台化特点。然而,相对于传统的供应链中断,智慧物流生态链中断的后果更为严重。因为在智慧物流生态链中,企业与企业之间的联系更为紧密。同时,造成智慧物流生态链中断的原因也与传统供应链不尽相同。智慧物流生态链的可持续运营更加会受到技术、生态链成员的影响。因此,以往针对传统供应链风险中断的场景和应对方法,并不适用于智慧物流生态链的场景。

(二)社会网络分析法

社会网络分析法是目前最常见的一种风险因素关联分析研究方法。风险网络是由风险节点与节点之间的连接组成的,社会网络分析法以图论为基础,探索各个节点之间的、不同风险节点之间的关系模式,找出关键风险节点以降低网络风险。目前,已经有很多的社会网络分析法软件工具可用于编码、可视化、分析风险网络的关系模式。社会网络分析法已经被运用到了各个研究领域,如跨组织网络的特征、疾病传播等。社会网络的关键在于分析各个网络节点的中心度,以识别风险网络中关键节点与风险相互作用的方法,并且分析风险网络密度、内聚性与层次结构。

(三)基于社会网络分析风险研究框架

1. 社会网络分析法分析步骤

首先对影响智慧物流生态链风险的因素进行识别,其次对风险因素之间的相互关系进行分析,最后提出风险的防范措施和智慧物流生态链的可持续发展路径。

2. 智慧物流生态链风险影响因素

智慧物流生态链风险的产生可能是多环节的,其生态链中多个参与主体之间联系密切,生态链中任何一个环节的错误都有可能导致整个链条出现巨大的风险。

从智慧物流生态链的结构来看,生态链的基本结构包括生态链中的物联网社群(提供商社群、客户社群)、平台运营中心物流生态运营商不同于传统的供应链结构,物流生态链成员之间除了上下游的链条关系,其不同的社群之间也联系紧密。因此,生态链成员之间的互动与关系比传统供应链中的更加紧密,若生态链成员中出现了可持续风险,可能会快速扩散,除了生态链成员,生态链中还有非常重要的核心环节和支撑要素,如智能化作业、数字化集成、可视化运营、数据共享、信用机制和物联网技术等。核心环节和支撑要素都是来源技术,生态链的稳定运行离不开技术的支撑。因此,支撑技术的风险也是生态链风险的来源。此外,生态链的运营离不开外部社会、经济与政治环境,外部环境的变化也会对于生态链的风险造成巨大的影响。综上所述,智慧物流生态链的风险影响因素主要有三个,包括来自生态链结构内的内部成员风险、支撑技术风险,以及外部环境风险。

(1)生态链成员可持续风险

智慧物流生态链中强调的是不同组织、个体间的互动,是共生、互生的关系。但是,生态链成员之间不是单纯的联盟关系。联盟的切入点是双边或小范围的多边关系,不同联盟之间的关系往往是割裂的。而生态链则将合作伙伴视为一个整体。智慧物流生态链成员的这种紧密相连的关系加剧了生态链成员可持续风险对于生态链的影响。根据生态链成员的划分,可以将生态链成员可持续风险划分为内部利益相关者风险、外部利益相关者风险,以及非直接利益相关者风险。

①内部利益相关者风险。内部利益相关者包括企业内部的董事会、职能部门、业务单元,以及员工。典型的内部利益相关者的可持续风险包括企业相关部门泄露顾客隐私信息、公司领导个人违反社会责任行为等。

②外部利益相关者风险。外部利益相关者主要包括客户、商业合作伙伴、各级供应商、分销商和承包商,竞争对手等。例如,由于供应商的可持续风险造成的供应中断。

③非直接利益相关者风险。非直接利益相关者主要包括公众和其他组织,例如标准制定机构、工会、社会公共服务机构等。随着公众对可持续问题的关注与社交媒体影响力的不断扩大,非直接利益相关者所带来的可持续风险在智慧物流生态链中的重要性不断提升。

(2)生态链技术风险

信息技术是现代物流技术的核心。信息技术在现代物流中发挥了重要的支撑作用,是整个物流体系运作的基础。而在智慧物流中,信息技术的重要性更为突出。智慧物流是一种由大数据、物联网、云计算等新兴技术驱动,在物流服务运作中实现自动化、可视化、信息化的全行业互联互通、共享共生的模式。智慧物流生态链的技术风险主要分为两类:颠覆性技术升级风险和技术路线变换风险。技术的发展往往不是循序渐进的过程,一项新技术的推广和应用能够带来巨大的改变,如智能手机。这种颠覆性技术的出现会使得生态链模式受到巨大的冲击,从而导致风险的产生。此外,技术路线改变也是非常重要的,技术路线往往决定了生态链基本构成的运营模式,并且改变技术路线往往伴随着技术的升级,不可避免地就会出现一定的漏洞。一旦出现技术漏洞,很可能会导致智慧物流生态链中关键数字资产泄露,给生态链成员带来巨大的损失。所以,颠覆性技术升级风险和技术路线变换风险是智慧物流生态链技术风险的主要来源。

(3)外在环境风险

智慧物流生态链环境是指与物流相关的客体情况和外部条件。智慧物流的发展离不开物流体制、市场机制、政策法规等环境。智慧物流生态链与外部环境密切相关,环境是智慧物流生态链产生的沃土、存在的基础、发展的动力,而物流的发展又要求环境与之相适应。智慧物流生态链的可持续发展更多地是受到外在软环境的影响。影响智慧物流生态链发展的外在软环境主要包括以下几点:政府管理体制、行业管理体制、中介服务体制、产业政策体系,以及法律法规体系。智慧物流生态链外在环境一直处于不断变化的过程之中,任何一种外部环境的变化都会对生态链成员的运营产生重要影响,因此,对外部环境实时关注并做好相应的防范措施对于智慧物流生态链的可持续运营有着重要的意义。

三、智慧物流生态链风险防范

(一)生态链成员风险防范

智慧物流生态链成员风险的防范措施是基于利益相关者理论构建的。利益相关者理论是指企业经理为了平衡各个利益相关者的利益需求而进行的管理活动。智慧物流生态链包括内部利益相关者、外部利益相关者和非直接利益相关者。这些利益相关者的生存和发展都是密切相关的,它们在经营活动中相互合作,共同影响了供应链风险。因此,要将供应链风险最小化离不开各利益相关者的积极配合。

1. 内部风险的主要管理措施

(1)针对自身情况建立企业发展战略和合理的风险处理系统

在设计和构建供应链时,企业要充分认识到供应链存在的风险,根据其结构、环境的特点分析风险因素,区分风险类别,制定合理风险管理目标,选择合理风险工具。

(2)进行企业业务流程和组织结构重组

智慧物流生态链和原来的供应链管理的模式不同,因此智慧物流生态链要求链条内企业在组织结构上进行创新,减少各职能部门之间的隔阂。除此之外,企业内部的业务流程也要适应不断扁平化的生态链模式。因此,这就需要管理者运用系统的思维和整体的观点去看待整个物流生态链问题,对企业业务流程和如织结构进行重组,设立核心目标,明确企业间的相互关系,加强企业间的信息共享,将各方向战略目标结合在一起,鼓励持续改进,保证生态链的正常运转,以实现风险最小化。

(3)加强相关人才的培养

智慧物流生态链中的节点企业要加强对优秀风险管理人才的引进和培养,与高校合作,采取正规的教育和在职培训,培养一批具有创新能力的智慧物流生态链管理人才,进一步提高物流生态链的风险防范能力和管理质量。

2. 外部利益相关者风险管理

外部利益相关者风险管理应该是建立在合作博弈的基础之上。智慧物流生态链中的外部利益相关者,互为竞争者,但也相互合作。在一个健康的智慧物流生态链中,企业间的相互合作应该要大于竞争。合作博弈是指一方或者多方利益增加的情况下,其他方的利益不受损害,从整体上而言,利益总和增加。合作博弈能够产生合作剩余,合作博弈各方以此为限进行合作或妥协。加强外部利益相关者的风险管理主要从以下几个方面展开。

(1)加强智慧物流生态链节点企业的协同合作

一条物流生态链中包含了诸多的节点企业,加强这些节点企业的协作可以充分利用企业的各自优势进行互补,以发挥生态链整体的竞争优势。比如,加强与供应商、下游分销商、竞争者的合作,可通过交叉持股等方式增强彼此之间的信任和联系,从而降低企业战略计划目标与生态链上其他成员目标不一致的风险。节点企业之间的合作是围绕着降低生态链风险的共同目标,并争取自身利益的最大化展开的,这些方式不仅可以提高合作的效率,更重要的是,还可以通过及时传递信息防止牛鞭效应扩大,从而防范生态链风险。

(2)提高物流生态链成员协作的柔性

物流生态链中需求与供给的不确定性是客观存在的,生态链成员企业合作过程中,要通过协作柔性化,来减少由外界环境不确定性引起的变动。而许多生产企业的管理强调方法,减少库存以降低成本,这种运作模式一旦遇到突发事件或需求有较大波动时就会显得缺乏弹性。适应性强的协作关系会调整物流网络的设计来适应市场变化,通过跟踪经济形势的变化,特别是发展中国家经济形势的变化,在不熟悉的地区利用中介机构寻找可靠的售货商为不同的生产线创建不同的协作网络,以优化每条生产线的能力。通过这些手段确保不同的产品使用相同的部件和生产流程,在注重效率的同时仍应保持供应链弹性适度,来保持物流网络的灵活性。

(3)实施完整合理的客户关系管理

通过技术手段提高客户忠诚度,通过收集和分析客户数据,企业可以从中挖掘客户价值,在一定程度上减少因客户流失带来的风险。客户关系管理系统不仅可以使生态链中的成员企业广泛地覆盖市场,更利于企业实施标准化、统一化管理,争夺更多的顾客资源,建立更多的顾客信息和更高的企业形象。

3.非直接利益相关者风险防范

非直接利益相关者的风险防范主要产生于公众和其他组织,例如标准制定机构、工会、社会公共服务机构等。随着公众对可持续问题的关注,以及社交媒体影响力的不断扩大,非直接利益相关者带来的可持续风险在智慧物流生态链中的重要性不断提升。

非直接利益相关者与生态链成员之间没有直接的利益关系。它们带来的风险是由于生态链中的不可持续行为曝光之后,非直接利益相关者的关注会扩大这些风险带来的影响。因此,管理非直接利益相关者带来的风险主要依赖于企业树立的良好形象,以及风险发生后所采取的合适公关手段。所以,物流生态链成员企业要重视在社会环境等公益事业方面的投入,培养出色的公关团队,以应对随时爆发的可持续风险。

(二)生态链技术风险防范

大数据、云计算、互联网等高新技术是智慧物流生态链的重要支撑要素,也是区分智慧物流生态链和普通供应链的重要元素之一。因此,智慧物流生态链必须关注由于技术的不稳定所带来的风险。防范智慧物流生态链技术风险可以从以下几个方面展开。

1.加强重要技术原件的多源采购

在当今高度国际化的社会分工背景下,生态链的生产和服务都不可避免地依赖于第三方厂商或专业机构,单一供应商的业务中断将直接或间接对物流生态链的业务和运营结果造成不利影响。因此,智慧物流生态链需要避免单一来源供应商采购方案,并对关键技术部件优选多产地制造的供应资源,同时在设计上对关键部件力求有备份解决方案,减少由于单一供应商的供应中断或者产品质量问题对智慧物流生态链正常运营造成的影响。为此,智慧物流生态链需要持续例行开展供应商审核与评估,以及物料供应风险评估,提前识别风险,并及时采取防范措施(包括启动器件替代、方案设计、储备、扩大产能等),以降低供应风险,确保供应连续性。

2.加快关键技术的自主产权研发

由于一些关键的技术,特别是在信息领域的技术,它们的知识产权都被企业或部门掌握。为了防止由于贸易摩擦或政治环境的波动导致技术知识产权的不稳定分享,智慧物流生态链成员必须加快对关键技术的研发,拥有独立的知识产权,提升业务连续性意识和应对突发事件的能力,有效保证业务连续性。

3. 提高信息安全

信息安全问题主要指信息传递过程中的泄露及破坏,涉及信息技术的应用问题。物流生态链作用的发挥很大程度上依赖链条上合作伙伴企业之间的协同作业,虽然当前技术取得了飞速发展,但仍然存在许多缺陷,如网络传输速度的不稳定、数据传输过程中的出错概率、网络黑客的蓄意破坏和对数据的恶意截取和篡改、病毒的侵略等,这些缺陷的客观存在均可能影响到信息传输过程的安全性。另外,物流生态链上各成员企业之间的应用水平参差不齐、数据标准不统一等情况,也可能导致信息无法共享或共享出错等。所以,生态链成员要加强信息安全技术的投入,保证成员间合作的正常稳定。

(三)生态链外部环境风险防范

外部环境风险指的是企业所处的市场环境给企业带来的风险,通常这一类风险无法预测。

法律风险:全球化的趋势愈加明显,智慧物流生态链一些业务所在的地区,由于法律环境的复杂性,即使力求遵守所有当地法规且无意违反,但仍可能存在各种难以预见的风险。

贸易壁垒:全球贸易增速放缓,发展本地经济就业为各国政策首选,随着全球业务持续增长,面临更多更复杂的贸易方面的挑战。

特定国家风险:由于国际经济及政治形势纷繁复杂,在不同国家开展业务会涉及一定的特有风险。

智慧物流生态链的风险具有全球性特征。物流生态链的全球化是经济全球化的体现,其面临的风险既可能来自国内,也可能来自世界任何一个地方。发达的通信网络,把世界各地的物流需求和供给信息都紧紧地联系在一起。这一点与传统物流大不相同,传统物流可以通过自然距离、关税或非关税壁垒、互不兼容的法律制度来制造一道道牢固的屏障,以避免可以预料到的风险。要应对这些风险,就要求物流生态链的成员具有较高的风险管理和应变能力,密切监控这些风险和环境的变化,尽早采取应对措施,减少对业务的影响。

一般来说,宏观环境的变化对企业造成的影响并不会太大。面对瞬息万变的经济环境,企业应该制订最基本的应对措施,特殊的经营模式要求物流生态链成员尽可能最大限度地做到一体化、标准化,建立柔性的供应链设计,增强供应链管理的灵活性,减少外界环境不确定性引起的变动因素,及时准确传递供给和需求的信息,避免风险的规模效应。积极寻求政府帮助,诸如融资渠道的狭窄、地方保护主义的盛行、行业内的恶性竞争等外部风险需要政府有关部门加强管理和教育,从宏观方面来引导企业持续、快速、健康地发展。

四、智慧物流生态链可持续运营风险的防范建议

首先,所有的智慧物流企业都应该从生态链成员、技术和外部环境这三方面着手,全面

加强智慧物流生态链的风险防范。其次,要尤其注意技术路线变换风险、政府管理体制风险、行业管理体制风险,以及内外部利益相关者风险这几个风险因素的风险防范。最后,任何智慧物流企业都可以通过本章的框架和评价体系,对自身的智慧物流生态链风险因素进行识别,从而对重点风险因素开展防范。例如,针对外部成员的风险防范,可以采取加强智慧物流生态链节点企业的协同合作、提高物流生态链成员协作的柔性、实施完整合理的客户关系管理等方式。

参考文献

[1]张磊,张雪.物流与供应链管理[M].北京:北京理工大学出版社,2021.02.

[2]陈栋.物流与供应链管理智慧化发展探索[M].长春:吉林科学技术出版社,2021.06.

[3]王传涛,黄智星.物流服务供应链协调优化理论与方法研究[M].北京:中国财富出版社,2021.10.

[4]孙晓波.供应链网络嵌入第三方物流与制造企业发展战略[M].北京:中国经济出版社,2021.03.

[5]乐美龙.供应链管理[M].上海:上海交通大学出版社,2021.04.

[6]张立群.供应链管理基础与实务[M].长春:吉林人民出版社,2021.09.

[7]谢家平,梁玲.供应链管理 第4版[M].上海:上海财经大学出版社,2021.01.

[8]邓华.运营与供应链管理[M].北京:中国纺织出版社,2021.12.

[9]王海燕.应急物流供应链研究[M].武汉:武汉理工大学出版社有限责任公司,2020.09.

[10]田青.物流与供应链管理研究[M].北京:中国原子能出版社,2020.08.

[11]范碧霞,魏秀丽.物流与供应链管理 第2版[M].上海:上海财经大学出版社,2020.03.

[12]施先亮.智慧物流与现代供应链[M].北京:机械工业出版社,2020.04.

[13]韩玉会.物流与供应链管理[M].天津:天津大学出版社,2022.05.

[14]陈晓曦.数智物流 5G 供应链重构的关键技术及案例[M].北京:中国经济出版社,2020.07.

[15]冯耕中.物流信息系统 第2版[M].北京:机械工业出版社,2020.12.

[16]王喜富,崔忠付.智慧物流与供应链信息平台[M].北京:中国财富出版社,2019.03.

[17]汪莹,蒋高鹏.现代物流与供应链商业模式创新理论及案例解析[M].北京:中国商务出版社,2019.08.

[18]杨晓英.精益智能物流与供应链管理创新方法及其应用[M].北京:中国经济出版社,2019.10.

[19]周任重,姜洪.供应链管理[M].北京:机械工业出版社,2019.08.

[20]王先庆.新物流新零售时代的供应链变革与机遇[M].北京:中国经济出版社,2019.01.

[21]庞凌.物流信息平台整合供应链资源模式研究[M].长春:吉林人民出版社,2019.11.

[22]潘瑶.物流视角下的供应链管理系统分析[M].延吉:延边大学出版社,2019.06.

[23]刘伟华,刘希龙.服务供应链管理[M].北京:中国财富出版社,2019.03.

[24]杨国荣.供应链管理[M].北京:北京理工大学出版社,2019.10.

[25]魏修建,姚峰.现代物流与供应链管理(第三版)[M].西安:西安交通大学出版社,2018.11.

[26]戴黎燕.会展物流服务供应链系统构建研究[M].北京:中国纺织出版社,2018.12.

[27]刘伟华,刘希龙.大规模定制化服务模式下物流服务供应链调度理论与方法[M].北京:中国物资出版社,2018.01.

[28]丁俊发.供应链国家战略[M].北京:中国铁道出版社,2018.11.

[29]马春莲,郭杰.供应链管理[M].北京:中国书籍出版社,2018.01.

[30]陈明蔚.供应链管理(第2版)[M].北京:北京理工大学出版社,2018.09.